イライラに振り回されない7日間レッスン

安藤俊介
Shunsuke Ando

毎日新聞出版

はじめに

「最近イライラすることが多くなった」
「普段よりも怒りっぽくなっている気がする」

こんな相談をよく受けます。確かに最近はイライラしている人が増えているようです。今、先のコロナ禍を受けて、新しい生活様式に慣れることが推奨されています。今までとは違う生活をしなければいけないわけですから、それはストレスも溜まるし、イライラもしやすくなります。

ただ、とは言え、どんな生活様式になろうとも、毎日穏やかに、ニコニコして暮らしたいものです。

そこで本書では今のこのタイミングに合った方法で、イライラに振り回されなくなるためのレッスンを紹介します。

本書で紹介するレッスンは14あります。1日に2レッスンずつ受けてもらうと、7日間で怒りと上手に付き合えるようになります。

各レッスンは読むだけではなく、実際に毎日の生活の中で具体的にできるものを集めていますので、本を読んだだけで終わりでなく、日々何をすれば良いのかがわかるので、誰でも今日からすぐに始められます。

また、後半では実際のできごとをもとにつくった事例（家庭編、人間関係編、仕事編）を紹介し、こういう場合にはどうすればよいのかテクニックを交えて紹介しています。どの事例も実際にあったことがベースなので、あるある事例として、自分の場合に置き換えやすいでしょう。

本書には14のレッスンに加えて、14の事例があります。7日間で終わるようにつくっていますが、忙しくて7日間では終わらないという人も心配しないでください。

1日に1つだけ取り組んだとしても、28日、そう1ヶ月もかからずに終わります。これなら忙しい人でも、隙間時間にちょっとだけといった感じでできるのではないでしょうか。

何の習い事もそうですが、自分のペースで楽しみながら取り組むのが、続けられて上達するための一番の近道です。ぜひ、焦らず、のんびりと楽しみながら、レッスンを進めてください。

目次

第2部

仕事編
職場で突然発生するイライラとの向き合い方

第3部

家庭編　パートナーに、子どもに、親にイライラしないアンガーマネジメント

第4部

人間関係編　イライラは人それぞれ、自分なりの対応を見つけよう

デザイン　萩原弦一郎（256）
組　版　明昌堂
校　正　ゼロメガ

第1部

1日2つでカンタン！
イライラに
振り回されない
7日間レッスン

1日目
レッスン1

怒っていいから始めよう

もっと怒った方がいいですよ。
怒ることは良いことですよ。

そんなふうに多くの人にアドバイスをしています。

はじめまして。安藤俊介と申します。怒りの感情の専門家として講演したり、本を書いたり、テレビでコメントなどをしています。

アメリカに本部のあるナショナルアンガーマネジメント協会というところでは、15名しか選ばれていない最高ランクの怒りのプロフェッショナルにアジア人として唯一選ばれて活動をしています。

そもそも怒りの感情のプロがいること自体が不思議に思えるかもしれませんが、アメリカには僕みたいな職業の人はたくさんいます。最近では日本でも少しずつ増えてきているんですけどね。

僕は職業柄、とても多くの人のイライラ、怒り、不満、不安といった気持ちを聞くことがあります。同時にどうすればよいかアドバイスを求められます。

その時に決まって言うのが、冒頭のアドバイスです。

こうアドバイスをすると、多くの人は目を丸くします。怒りたくないから、相談しにきたのに、怒っていいってどういうこと？　と頭の中は？マークが踊ります。

なかには、一体何ていうアドバイスをするんだ！　と怒る人もいます。そんな時は今みたいな感じで怒ることは良いことなんですよと説明します。

でも多くの人は怒ることについて悩んでいますね。

毎日些細なことで怒ってばっかり。もう本当に嫌になってしまう。

子どもの怒り方が自分そっくりで自己嫌悪になってしまう。

昔のことを思い出しては繰り返し頭にきてしまう。

怒りすぎて、一日の終わりに情けない気持ちになってしまう。

言わなければいいのにと思いつつも、口に出さないと何だか負けた気がする、等々。できることなら怒りたくないし、いつでももっと笑顔で毎日ニコニコしていられたらさぞかし楽なのだろうと思ったりもしますよね。

その気持ち本当によくわかります。怒っていると単純に疲れますよね。僕も怒りのプロになる前は本当に怒りっぽかったですから。すごく怒りっぽくて、これじゃ人生うまくいかないと思って、怒りについての勉強を始めたくらいです。

そもそも何で私たちは怒ることが悪いことだと思っているのでしょうか。誰も怒ることは良いこと、もっと怒りなさいとは教わっていません。子どもの頃から、親にもそう言われたし、学校の先生にもそう言われました。

自分が親になってみれば、自分の子どもにも、怒っちゃダメ、怒らないの！　と言っているのではないでしょうか。

怒ると人間関係を壊してしまう、雰囲気が悪くなる、相手に嫌われてしまうと、怒ることのマイナス面をみんながよく知っているから、怒ることは良くないことと言います。

でも怒りは必要だから人間に備わっている感情です。怒りという感情がない人はいないし、怒りという感情を取りのぞいたり、なくすことはできないのです。

どんなに穏やかな人にも、自分はこれまで怒ったことがないんだと言いはる人にだって、人であれば必ず怒りという感情はあります。

怒りという感情はなくては困るんですね。なぜなら、怒りには役割があるからです。

怒りは、自分にとって何が大切なのか、重要なのかを教えてくれるサインです。僕たちが怒る理由は、簡単に言ってしまえば、自分が大切にしているものや、守りたいと思っているものを雑に扱われたり、攻撃されたりしたからです。

例えば、約束を守ることを大切にしている人であれば、約束を破られたり、約束を軽く思われたら、怒りを感じます。それは自分が大切にしている約束を守るということが雑に扱われたからです。

子どもが勢いよく走り回っていたとします。そのことで怒るのは、守りたいと思っている子どもが怪我をしたら困ると思うからです。

自分が好きなアーティストの悪口を目にすれば、大切にしたいものを攻撃されたと頭にきます。

怒るということは、そこには自分が大切にしているものが隠れている証拠です。ですから、もっと怒った方がいい、怒ることは良いことというのは、怒ることで自分が本当のところ何を大切にしているかわかるからです。

もし怒ることをやめてしまうと、自分が大切にしているものを攻撃されたとしても、何とも感じなくなってしまいます。

大袈裟ではなく、人生を生きていく上で、大切なものを守ることができなければ、大変なことになってしまいます。

怒ることはダメでも、悪いことでもありません。次のポイントさえ守ればＯＫです。

1. 怒る必要のあること、怒る必要のないことの線引きができる

2. 相手を傷つけず、自分を傷つけず、モノを壊さずに伝えることができる

怒っていいと思うところから始めましょう。怒ってはダメという努力はもうしなくていいのです。

1日目
レッスン2

理想を決めてみよう

今回のレッスンでは、自分が無駄に怒らず、快適に過ごすことができている理想の状態を思い描いてみることに挑戦してみましょう。

理想の状態のは、いうなれば行き先のことです。行き先を決めるから、行き方、時間、方法がわかります。

行き先を決めずに出発してしまうと、そもそも自分がそこへ行きたいかどうかもわからないですし、途中で迷子になります。

理想の状態を決めるということは、行き先を決めること。結局のところ、行き先を決めることが一番の近道を見つけるコツになります。

さて、挑戦といっても難しいことは何もありません。用意するのは紙とペンだけです。

僕が質問をしますので、紙に答えを書いていってみてください。

ではいきますよ。あなたが朝目覚めるとあなたが望んでいた理想の状態になっている日がやってきたとします。その日を一緒に思い描いていきましょう。

質問「あなたは朝起きて、なぜその日が理想の状態の日だと気づきますか?」

例えば、すごく気分よく目が覚めたでもいいですし、いつもは空かないお腹が空いて目が覚めたでもいいです。他には朝から視界がなんだかクリアではっきりとモノが見えるということかもしれません。どのようなことで気づくでしょうか。書いてみましょう。何かが違っているから、その日が理想の状態の日だと気づくのです。

次の質問です。その朝、あなたは思わず何かをつぶやきます。「一体何とつぶやくでしょうか?」

「身体がやけに軽いな」とか、「何だかいつもと違う」、「最高!」、「清々しい」、「がんばろう!」など、理想の状態になれる日がやってきたことを知った自分が何とつぶやくのかを想像してみましょう。

ここで気をつけたいのは、そんな状態なんてこないい、そんな日はやってこないとは思わないということ。

この挑戦をしている時、「無理」、「ありえない」は禁句です。その無理とか、ありえない状態が理想です。簡単にできてしまうような状態であれば、それは理想とは言えないでしょう。

自分のブレーキをはずして、思いっきり高望みした理想の状態を考えてみてください。この時点で、それが実現できるとか、できないとか、そういう難しいことを考えるのはやめましょう。


さて、どんどんいきましょう。次の質問です。「朝、誰があなたの変化に気がつきますか？　それはあなたのどのような変化でしょうか？」

誰かがあなたの変化に気づきます。その変化は目に見えるものです。どのような変化に気づくのでしょうか。

目線が違う、使う言葉が違う、おはようの言い方が違う、表情が違う、歩き方が違うなど、どのような変化か挙げてみましょう。

次は家の外に出ます。通勤途中の人もいれば、通学中の子どもたちもいます。朝の喧騒の中で、車のクラクションが聞こえたり、誰かの会話が聞こえてきたりします。

質問「あなたは外に出て何を見て何を感じますか？」

普段であれば、通勤電車に乗ればなんて窮屈なんだとか、マイカー通勤している人であれば、何で渋滞してるんだとか、イライラしたり、気に入らないことがあるかもしれません。でも、今日は理想の日です。

もっとおおらかに物事を見て、感じることができているのではないでしょうか。

質問「その日一番嬉しいと感じることは何ですか？」

何と言っても理想の状態になれている日です。嬉しさ、楽しさをいっぱい感じることになるのですが、何が一番嬉しいと感じるでしょうか。

誰かから何かを言われることでしょうか。何か目標を達成できることでしょうか。あるいは何も起こらずに平和であるということでしょうか。

さて、ここまでいくつか質問をしてきました。いかがでしたでしょうか。

これまで漠然とでも、今よりも良くなりたい、もう少し何とかなるんじゃないかとは思っていたと思います。しかし、それを言葉にして書き出すというのは意外に難しかったのではないでしょうか。

言葉にして書き出すことで、自分の理想をはっきりと自覚することができます。逆に言葉に言い表せないということは、そのことがまだぼんやりしているからです。

言葉にできないとダメというわけではないのですが、言葉にできた方が行き先としてはよりイメージがしやすくなります。言葉にすることで、解像度が上がり、はっきりと見えるようになります。

日本では言霊が信じられています。言霊とは言葉に宿るとされる力のことです。せっかくならその言霊の力を利用して、自分の理想を言葉にしてしまいましょう。

2日目
レッスン3

6秒ルールを守ってゆっくり深呼吸する

怒った時、余計な一言をポロっと言って「言わなきゃよかった」と失敗をしたことのある人は多いでしょう。

カッとなっている時、本当はそんなつもりはないのに、すごくきついことを言ってしまったりします。こちらは勢い余って言ってしまったというところなのですが、受け取った側はそれが本音だと受け取ります。

結婚するんじゃなかった！
おまえみたいな部下はいらない！
大嫌い！

「ふーん、普段からそう思ってたんだ。そう思ってるから言えるんだよね。思ってないことは言えないもんね。今からいくら取り繕ったってもう遅い！」と冷めた口調で言われます。

そう言われると、後ろめたいところのあるこちらは、引くに引けなくなり、「あぁ、そうだよ。前から言おうと思ってたんだ！」と、まさに売り言葉に買い言葉となり、余計に話がこじれます。

後悔先に立たず、覆水盆に返らずとはよく言ったものです。怒りにまかせてつい言ってしまう一言は、まさにこのことです。

イラッとした時、怒った時に絶対にやってはいけないことがたった一つだけあります。

それは、「反射」です。

反射とは考えなしに反応することです。反射的に言う、反射的に言い返す、反射的にする、反射的にやり返すなどが当てはまります。

インターネットの世界で脊髄反射と言えば、掲示板などでよく考えずにレスをする人のことを悪く言うスラングですね。

考えなしに反応するのですから、良いことなんて何もありません。考えなしにというのは、後先を考えないということですからね。

さて、では反射しないためにはどれくらい待てば良いのかと言えば、僕たちは、6秒ルールということを伝えています。どんなにカチンときても、とにかく6秒待ちましょうということです。

諸説あるのですが、感情が生まれてから、数秒たつと理性が働きます。理性が働くことで、私たちは動物みたいに感情で動くのではなく、人として理性的にふるまえるようになります。

これまで僕たちがいろいろと研究してきた結果、多くの人は6秒あれば、理性が働くと考えています。

逆に言えば、怒りが生まれてから6秒以内に反応すれば、それは理性ではなくて、感情に振り回された状態で何かを言ったり、したりしてしまうということです。

なので、とにかく6秒待ってみましょう。

この6秒ルールをお話しした時によく言われるのが、「6秒って結構長いです。6秒なんて待てないし、大体言い合いをしている最中に6秒も待ったら言い負かされてしまう」ということ。

そうですね、確かに慣れていない人にとっては6秒はすごく長い時間に感じるかもしれません。

でも慣れてしまうと、全然待てるようになるんですね。口喧嘩をしている最中であっても、6秒ルールを守って相手の話を聞けるようになります。

言い争いしている間に黙ったら負けた気がすると思う人もいるとは思うのですが、口喧嘩は勝敗のある勝負事ではないので、黙っても負けたことにはならないし、言い切ったら勝ちになるということでもありません。

相手を言い負かす、屈服させることは怒ることの目的ではありません。怒る目的は、相手に今どうして欲しい、これからはこうして欲しいということを伝えるリクエストです。そのことはレッスン12で詳しく紹介しますね。

さて、ではどうやってイラッとしても6秒ルールを守れるようになるかです。慣れてしまえば、怒ったとしても、自分が冷静になれるまで自然と待つことができるようになるのですが、最初のうちは6秒待つために、6秒深呼吸をしてみましょう。

イラッとした時、「一呼吸おこう」とは昔から言われていますが、6秒ルールにちなんで、6秒かけて深呼吸をしてみましょう。

深呼吸する時のコツは先に「息を吐く」からスタートすることです。当たり前のことですが、息は吐かないと吸えないということです。

まずは3秒かけてゆっくりと口から息を吐いてください。息を吐いたら、ゆっくりと3秒かけて鼻から息を吸ってください。

深呼吸をする時は目をつぶり、口と鼻だけに意識を向けてみましょう。息を吐いたり、吸ったりすることでお腹がへこんだり、ふくらんだりするのを感じられるとさらにグッドです。

たった一回だけ、この深呼吸をするだけでも気持ちは落ち着きますが、二回、三回と繰り返せば、さらに気持ちが落ち着きます。

2日目
レッスン4

怒りを見える化する

怒りのコントロールができない、怒りの扱いって難しい。どうして怒りのコントロールって難しいのですか？　とよく聞かれます。

確かに怒りの感情って難しいものです。プロとして仕事として関わっている僕も、本当に怒りの扱いって難しいなと毎日思っています。

何で難しいかと言えば、怒りって目に見えないからというのが結構大きな理由です。目に見えないものって、扱いが難しいですね。目に見えないから、扱えているのかどうかもわかりづらいですし。

そこで、怒りと上手に付き合えるようになるためには、まずは怒りを目に見えるようにすればいいわけです。

ではどうやって目に見えるようにするかです。今回のレッスンでは怒りを目に見えるようにする2つの方法を紹介しましょう。

まずはどちらもやってみて、やりやすい方だけをやってみてください。2つとも得意になれればそれに越したことはないのですが、どちらか1つでもできれば十分です。

その2つの方法を見ていきましょう。

1. 怒りの温度計
2. 怒りの視覚化

1つ目は「怒りの温度計」です。怒りを目に見える形にするのに、温度を使います。

私たちは実はすごく多くの尺度に囲まれて生きています。○℃と言えば気温や体温といった温度。○キログラムといえば体重みたいな重さ。○メートルと言えば長さ。○ccと言えば体積といった具合に、何かの量をはかる時にいろいろな尺度を使います。

尺度があることで、どれくらいの暑さ、大きさ、重さなのかがわかったり、他のものと比較することができます。

ところが怒りについて言えば、尺度がありません。尺度がないから、今の怒りと前の怒りがどれくらい違うものなのか、自分でもよくわからないのです。

そこで、怒りに無理やり尺度をつけます。それが「怒りの温度計」です。

これからイラッと怒りを感じたら、その都度、今どれくらいの強さで怒っているのか温度を考えます。

温度は10段階で考えてみましょう。10段階は例えばこんな感じです。

0　穏やかな状態。
1〜3　軽く怒りを感じる。イラッとする。カチンとくるなど。
4〜6　まあまあの強さの怒りを感じる。頭にくる。腹が立つなど。
7〜9　かなり強い怒りを感じる。激怒する。激昂するなど。
10　人生最大の怒り。

ここで一緒に怒りの温度をつけてみましょう。最近、この1週間くらいで怒ったことを思い出してください。軽い程度の怒りがいいですね。

その時に感じた怒りの温度はどれくらいになるでしょうか？

さて、ここで疑問が生まれるかもしれません。人生最大の怒りって何だろう？　と。人生最大というくらいですから、人生にあるのは一度だけです。人生で一回しか感じられないほどの強い怒りです。それを基準にして考えます。

怒りの温度計をつけ始めると、最初のうちは誰でも少し温度を高めにつける傾向が見られます。なぜなら、自分が怒っていることは正しいと思っているからです。

ただ、これを何十回と繰り返しているうちに、実はそれほど強く怒っていないことがわかり、だんだんと低い温度をつけることが多くなるでしょう。

自分が思っているほど、実は自分は怒っていないということがわかると、怒ったとしても慌てずに、その場で冷静に対処できるようになります。

自分の怒りを大袈裟に見積もらずに、自分が思うほど、強くは怒っていないんじゃないか？　と疑問を持ってみてください。

もう1つの方法が、「怒りの視覚化」です。怒りの温度計は温度という尺度で怒りを目に見える形にしましたが、今度は文字通り、怒りを目に見える形に表してみます。
さっき思い出した怒りを改めて考えてみましょう。では僕から質問をしていきますね。

その怒りって色をつけるなら何色になりますか？
どれくらいの大きさですか。また、動いていますか？
熱いですか？　冷たいですか？
どんな触り心地がしますか？

こんなふうに怒りを目に見える形にしていきます。実はこの方法は言葉で上手に怒りを表現できないお子さんに怒りを表現してもらう時に使います。僕自身大好きな方法です。
自分の怒りを目に見えるようにできるようになると、あんなに自分を悩ませていた怒りが意外と可愛らしいものに見えてくると思いますよ。ぜひこの方法も試してみてください。

3日目
レッスン5

怒りメモをつける

前回は怒りを見える化することに挑戦しました。怒りを目に見える形にすることで扱いがしやすくなるという発想です。

今回のレッスンでは、さらにもう一歩それを進めていきます。

今日からやって欲しいことがあります。それは怒りメモをつけることです。

今日まで同じようなことで怒っていたと思います。同じようなことで繰り返し怒ってしまうということは、同じパターンにはまっているからです。

でもそのパターンを自分自身では理解していないので、ワンパターンを繰り返してしまっています。ではどうすればそのワンパターンから抜け出せるかと言えば、まずはそのワンパターンがどういうものなのか知らないと抜け出しようがありません。

そこで自分のワンパターンに気づくために、自分がいつ、どこで、どのようなことで怒っているのか記録をつけてみます。それが怒りメモです。

では怒りメモのつけ方をお教えしましょう。

怒りメモに書く内容は、いつ、どこで、どのようなことに怒ったかと怒りの温度といったものですが、こうしなければいけないという決まりはありません。

ポイントは自分が怒ったことを覚えておくためのメモだということです。怒ったことは覚えていても、意外と「何に」「どれくらい」怒っていたかまでは覚えていないんですよね。

怒りメモは、例えばこんな感じです。


「朝いつも停めている駐車場に誰かが先に停めてた。怒りの温度3」

「危ない！　って何度注意しても言うことを聞かない。怒りの温度5」

「夕方6時、帰りの電車の中で隣の人のバッグがずっと背中に当たる。怒りの温度1」

「お風呂上がりに食べようと思ってたデザートを勝手に食べられた。怒りの温度2」

「夕食時、せっかく作った料理に何の感想もない。怒りの温度4」

怒りメモをつける時に気をつけて欲しいのは、その場であまり考えずにさっと書き留めることです。

自分が怒ったことを記録しておくためのものなので、そこでどうすればいいかとか、怒る原因は何だとかは一切考えないようにしましょう。

また、日記とは違うので、その日の夜に一日を振り返って書くものではありません。ムッとしたり、カチンとくることが一日に3度あったら、その日は怒りメモを3回つけるということになります。

怒りメモをつけるのは手帳でもいいですし、スマホで記録するのでもOKです。スマホで怒りメモをつけることのメリットは、記録した日時が自動的に保存される点です。そうすれば、わざわざ日時を書く必要はないですね。

自分が無理なくできる、つけやすい方法でするのが一番のポイントだったりします。

ちなみに僕もいまだに怒りメモはつけています。もうこの職業になってから15年くらい経ちますので、さすがに毎日怒りメモがあるようなことはないです。

逆にたまに怒りメモをつけることになると、「おっ、自分ってこんなことにイラッとするんだ」と自分の知らなかった一面に気づけてちょっと楽しい気持ちになります。

何でいまだに怒りメモをつけているかと言えば、怒りメモは実は怒りの練習ノートだからです。

私たちが同じようなことで繰り返し怒ってしまうのは、怒ったことを覚えていないからとは書きましたが、もう一つ言えることは、そのことについて怒り方が上達していないからです。

子どもに同じようなことで怒る、夫に似たようなことでイライラするというのは、言ってしまえば、前に怒った時の失敗を生かせていないということです。

怒り方は繰り返し練習することで上達します。僕が専門にしているアメリカ生まれのアンガーマネジメントは、怒りの感情と上手に付き合うための心理トレーニングと呼ばれています。トレーニングなので、誰でも取り組むことができますし、練習をすることで上達します。

同じようなことで怒ってしまうというのは、単純に怒ることについて練習不足だからです。例えば、これがサッカー、料理なら、毎度同じ失敗をしていたら、練習の仕方が悪いということになりますよね。怒ることも、本当に同じなんです。

プロのアスリート、優秀なアスリートは練習ノートをつけています。自分がどのような練習をしたか、どんなミスをして、どう工夫して克服したかを記録していきます。記録することで覚えていられるからです。

怒りメモをつける時は、怒っていることの解決策、原因などを一切考えないのですが、一週間の終わりに、ゆっくりと落ち着いて時間のとれる時に、怒りメモを振り返ってみましょう。

何か傾向やパターンが見えてくるはずです。例えば、朝にイライラしていることが多い、特定の言葉にひっかかっている、誰かに会う前にざわざわしている、何かをした後に苛立っている、等々。

家ではイラッとする回数は多いけど、怒りの温度はそれほど高くない。でも会社だと怒る回数は少ないけど、怒った時の温度がすごく高い。

こういったことが自分でわかるようになると、悪いパターンにはまりそうだから気をつけようと警戒したり、自分が怒りそうなところへ近づかないようになってきます。

3日目
レッスン6

怒りの方程式を理解する

方程式というとだか難しそうな話のようですが、逆に方程式があるから答えが見つかりやすくなります。

怒りにも方程式があるので、この方程式がわかると、怒りへの向き合い方、答えの出し方がぐんと簡単になります。

ではその怒りの方程式を見てみましょう。

・怒り＝「べき」×「マイナス感情・状態」

怒りは「べき」と「マイナス感情・状態」がかけ合わさって生まれるものです。これだけだと何だかよくわからないですよね。詳しく説明しましょう。

まず「べき」です。「べき」というのは、「子どもは勉強するべき」とか「家事は分担するべき」とかで使う「べき」です。

私たちがイラッとする、つまり怒りの火花が散るのは、自分が持っている「べき」が目の前で裏切られた時です。

例えば、「子どもは勉強するべき」と思っているのに、子どもが勉強していなかったらイラッとしますよね。「家事は分担するべき」と思っているのに、自分ばかりが家事をしているようであれば納得できません。

「べき」は自分が思っている理想のようなもの。その理想が裏切られる場面に遭遇すると、怒りの火花が散ります。

でもこれだけでは怒りは大きな炎として燃え上がりません。「べき」が裏切られてもイラッと火花が散るだけです。

この火花にエネルギーを送って、大きく燃え上がらせるのがガスの役割になる「マイナス感情・状態」です。

マイナス感情というのは、不安、辛い、苦しい、悲しい、寂しいといったマイナスの感情のこと。

マイナス状態というのは、お腹が空いている、寝不足、疲れている、ストレスが溜まっているという健康的ではない状態のことです。

２０２０年は世界中が新型コロナウイルスで先が見えない状態になり、みんなで不安になりました。不安がいっぱいある時、いつもより怒りっぽくなっているなとは思いませんか？

実際、新型コロナウイルス問題が最も酷かった春先は、世の中の人が不安を感じ、そして怒りっぽくなっていました。ニュースを見ても、ＳＮＳを見ても、怒っている人がたくさんいました。

それから疲れている時、寝不足の時もイライラしやすいですよね。人は病気になると怒りっぽくなるのですが、それは体がマイナスの状態になっているからです。

不安をたくさん抱えている時、ストレスが大きい時、それは怒りの火花に大量にエネルギーを送ることになります。マイナス感情・状態の時は、普段であればちょっとイラッとしたくらいのことでも、すごく頭にきたりしてしまうのです。

子どもが片付けをしないという同じ場面に出会ったとしても、どうにも腹が立つこともあれば、「今日はまあいっか、大目に見ておこうと」軽く流せる時もあります。

それは「片付けるべき」という「べき」が裏切られているので、怒りの火花は飛び散ってはいるのですが、自分の調子が良い時、マイナス感情が小さい時はスルーすることができるからなのです。

この怒りの方程式はライターを使って説明することもできます。百円ライターを思い浮かべてみてください。

ライターは発火石をカチッと回すことで火花が散ります。その火花にガスを送りこむことで炎が燃え上がる仕組みになっています。

発火石が回るのが「べき」が裏切られた時です。ここで火花が散ります。

その火花を燃え上がらせるガスがマイナス感情・状態です。マイナス感情・状態がたくさんあれば、炎を勢いよく燃え上がらせることができます。

逆にどんなに発火石を回したとしても、ガス（マイナス感情・状態）がなければ、バチバチと火花は散るものの、炎が燃え上がることはありません。

このことから、怒りの炎を燃え上がらせないためには、2つの方法があることがわかります。それは次の2つです。

1.「べき」が裏切られる回数を減らす

2.マイナス感情・状態を減らす

「べき」が裏切られても「マイナス感情・状態」がなければ、軽くイラッとすることはあっても、怒りの炎は燃え上がりません。

「マイナス感情・状態」がそれなりにあっても、「べき」が裏切られることがなければ、やっぱり怒りの炎が燃え上がることはありません。

いかがでしょうか。この怒りの方程式、怒りのライターモデルがわかると、無駄に怒らないためにはどうすればいいかわかります。

では、どうすればこの2つを減らすことができるのか、この後のレッスンで一緒に学んでいきましょう。

「べき」が裏切られる回数を減らす

「べき」は、自分が思っている理想や願望です。ただ、一口に「べき」と言っても、その大切さのレベルは結構違います。例えば、「人には親切にするべき」と「朝食はパンであるべき」という2つの「べき」があります。

両者を比較した場合、一般的に言えば、「人には親切にするべき」という方が重要度は高いでしょう。私たちはすごく多くの「べき」を持っているのですが、全部が同じレベルで大切というわけではなく、絶対に譲れないものから、何となくそう思っているくらいのものまで幅があるということです。

そこで、まずは自分が持っている「べき」を5段階で考えてみましょう。5を重要度が高く、1を重要度が低いとします。

ここでは僕のクライアントの高島さん（仮名）に「べき」を5つ挙げてもらい、5段階評価をしてもらいました。

「嘘をつくべきでない」重要度5
「時間は守るべき」重要度4
「自分で使ったものは自分で片付けるべき」重要度3
「サービス業はお客さんに丁寧であるべき」重要度2
「LINEは既読スルーするべきでない」重要度1

高島さんの場合、「嘘をつくべきでない」というのはすごく大切にしている「べき」で、これは裏切られたら、もう許すことは難しいというものでした。自分がされたら嫌なので、自分も嘘はつかないと決めています。

「LINEは既読スルーするべきでない」については、何となく既読スルーするのは失礼だなとは思いつつ、相手からされてもそんなには気にならないし、自分もすることがあるなということで、重要度は低いと思いました。

あなたもぜひ自分が持っている「べき」を探してみてください。「べき」を見つけるコツは、レッスン5で習った怒りメモを使うことです。

怒るということは、自分の「べき」が裏切られたということです。つまり、怒りメモに書いていることを裏返せば、どのような「べき」が裏切られたから怒ったのかがわかります。

例えば、嘘をつかれたことに怒ったのであれば、その裏には「嘘をつくべきでない」という「べき」が隠れています。

ではここからは、具体的に「べき」が裏切られる回数を減らす方法を見ていきましょう。方法は次の2つです。

1.「べき」を手放す
2.「べき」を緩める

まずは「べき」を手放すです。手放すというのは、文字通り、その「べき」を持つのを止めてしまうということです。

例えば、先程の高島さんの場合、「LINEは既読スルーするべきでない」は重要度は1と一番低いものでした。もともと裏切られても大して気にもなりません。であればはじめから、もうその「べき」を持つのをやめます。持つのをやめるとはどういうことかと言うと、もうそのことは一切気にしないことです。

「LINEは既読スルーするべきでない」という「べき」を重要度が低いとしても持っていれば、既読スルーされた時に、あっ、既読スルーされたと少しは思うわけです。でも、そもそも既読スルーするべきでないと思ってもいない人は、既読スルーをされても、そのことさえ気づきません。気づかないし、どうとも思わないので、何の感情も起きません。

そのことについて全く考えることも気にすることもなくなる。これが「べき」を手放すということです。重要度が1、2のものについては、もう手放すと決めてしまうルールにしても良いですね。

次に「べき」を緩めるです。「べき」を緩めるというのは、100点か0点で考えるのではなく、赤点じゃなければいいかと思うことです。

「自分で使ったものは自分で片付けるべき」について、「べき」が緩められていない人は、完璧に片付けていなければ、あるいはちょっとでも片付けられていなければ、「片付けてないじゃないか！」と怒ります。

一方で「べき」が緩められている人は、大体片付けてあればＯＫだし、片付けるのが多少遅れてもまあいいかと許せます。

「べき」を緩めるためには、「せめて」という言葉を使って考えることです。「自分で使ったものは自分で片付けるべき」について言えば、「せめて」どうだったら許せるかなと考えることです。

例えば、「せめて元の箱に戻しておいてくれればいい」「せめて30分以内に片付けてくれればいい」といった具合です。

普段からこの「せめて」を使って、許せるかどうかを考えていると、少しずつ自分の許せる範囲が広くなり、無駄にイライラすることがなくなります。「せめて」は自分の器を広げる魔法の言葉として覚えておきましょう。

4日目
レッスン8

マイナス感情・状態を減らす

今日のレッスンは「マイナス感情・状態を減らす」です。今は「べき」の回数を減らすよりも、こっちを重点的にやった方が良いかもしれません。なぜなら、今は放っておくとマイナス感情・状態が大きくなりやすいからです。

なぜマイナス感情・状態が大きくなりやすいかと言えば、このコロナ禍の最中、アフターコロナの時代は、時代そのものが急で長い下り坂になることが予想できるです。

時代がこれから良くなることがわかっている時であれば、多少無理かなと思っても新しいことに挑戦できたり、失敗をしたとしても明日があると前向きでいられます。「明日があるさ」という坂本九さんの曲が大ヒットしたのは、まさに高度経済成長が幕を開けた１９６０年代のことでした。当時は誰もが明日や未来に希望を持つことができた時代だったんですね。

とても残念なことですが、これからの時代、今日よりも明日の方が明るいとはなかなか思えない状況になりそうです。新しい明日がやってくることを期待するよりも、無事であった今日の延長が明日やってくればいいと思う感覚の方が時代にマッチしていると僕は考えています。

これからの時代は、いかに幸せになるかよりも、いかに不幸にならないかです。

「鬼滅の刃」というマンガが大ヒットしました。これまでのマンガと違うのは、希望のために主人公が戦うというストーリーではなく、平和だった日常を鬼に壊い、日常を取り戻す（妹の禰豆子《ねずこ》を人間に戻す）ために戦う主人公・炭治郎《たんじろう》に多くの人の共感が集まっているから大ヒットしたとも言われています。

歌やマンガは時代や世相を反映するとは言いますが、まさにその通りだなと思います。「マイナス感情・状態を減らす」ことは、つまり不幸な気持ちにならない、不幸な状態からなるべく遠ざかるためにはどうすればよいかです。

マイナス感情の中でも特に大きいのが「不安」です。人は不安があると、怯えたり、パニックになりやすく、冷静に物事を考えることができません。

そうすると、普段だったら何でもないようなことでも敏感に反応してしまい、イライラしたり、声を上げて怒ってしまったりします。

では不安を減らすためにはどうすればいいかと言えば、不安になるようなことを見ない、言わない、聞かないです。見ざる、言わざる、聞かざる、の三猿になることです。

例えば、ニュースを見て不安になるならば、ニュースを見ません。別にニュースを見なくても問題なく生活できます。

不安になるようなニュースを見ると、つい誰かにそれを言いたくなります。なぜかと言えば、自分の不安の答え合わせをしたいからです。

「自分はこういうことを不安に感じてる。だってニュースでも言ってたよ。自分の不安って正しいよね？」

不安をなくしたいから不安を言っているつもりなのに、いつの間にか自分の不安が正しいことを証明するために、さらに自分が不安になるニュースをわざわざ見つけます。
逆に人の不安の答え合わせに付き合わないことも、とても大事です。不安な人は自分からその不安をどんどん話してきますので、それを聞いてこちらも不安になるくらいなら、きっぱりと聞かないと断ることです。

不安の当たり屋は、誰彼構わず当たっていきます。自分が気をつけていても、いきなり当たられることもありますので、不安の当たり屋っぽい人がいたら近づかないのも自分を守る大切な作戦です。

SNSを見ると、不安の当たり屋さんがいっぱいいますので、SNSは人とつながるという意味ではすごく大切なのですが、不安を伝染される可能性が高い場所であることに気をつけておきましょう。

次にもし不安を感じたとしても、無理やりその不安を消そうとはせず、「あぁ、自分って今不安を感じているんだ」と、不安を感じている自分をただ見るようにします。
こんな感じのイメージです。自分の体から自分の心だけが抜け出して、少し高いところから自分を見ています。

そこに立っている自分はあれこれ不安が頭をよぎり、どうすればいいんだろうと思い悩んだ顔をしています。その自分をそういう自分がいるなと見ているだけです。

自分を助けなくていいのか？　と思うかもしれませんが、助けなくていいです。ただ見ているのが実はポイントです。

不安のようなマイナス感情を感じた時、そんな不安を感じては良くない、不安を消そうと思いがちです。しかし、それは自分が感じている感情を否定することになり、ひいては自分を否定することになります。

自分を否定していたら苦しいですよね。その苦しさはまたそれがマイナス感情になってしまうので、怒りのためのエネルギーを大きくしてしまいます。

感じる感情は全て自分のもの。感じることは悪いことではないので、自分はそういう感情を感じていると受け入れるようにしてみましょう。

最後にマイナス状態をつくらないことです。シンプルに健康でいるということが本当に大切です。

よく言いますが、健康のためには、適切な食事、運動、睡眠です。健康な時と体調が悪い時では、明らかに体調が悪い時の方が機嫌が悪くなります。

暴飲暴食をしない、適度に動く、ゆっくりと寝るといった昔から言われている健康のコツに、当たり前に取り組んでいきましょう。健康でいることは無駄にイライラしないための大きな前提条件です。

5日目
レッスン9

上機嫌を演じる

前回のレッスンでも少し触れましたが、体が健康であることは、心の健康のためにもとても大事です。体と心はつながっていて、それぞれに大きく影響しあっています。このことをうまく利用すると、いつでも機嫌良くいることができるようになります。

普通はこう考えますよね。

気持ちが沈むからため息をつく

楽しい気分だから鼻歌を歌う

気持ちが沈んでいる時は自然とため息が漏れます。楽しい気分の時は意識をしなくても鼻歌を歌っていたなんてことはよくあるでしょう。

この「気持ち」↓「行動」という順番が当たり前に思えます。ところが、実はこれを逆の順番にすることもできてしまうのです。

どういうことかと言えば、「行動」↓「気持ち」になります。さっきの例で言えば、次の通りです。

ため息をつくから気持ちが沈む
鼻歌を歌うから楽しい気分になる

逆転の発想なのですが、これが本当にそうなります。

試しに少しの間、眉間にシワを寄せ、うつむき、背中を丸めてみてください。たったそれだけのことですが、割とすぐに気持ちが沈んできたり、何となく嫌な気持ちになってくることがわかると思います。

怒った時、何となく引っ込みがつかなくなって、怒ったふりをしていると、自分でも「あれっ、こんなに怒る必要があったっけ？」と思えるくらい怒りが大きくなってしまった経験のある人もいるのではないでしょうか。

今度は背筋を伸ばし、前を向き、笑顔で鼻歌を歌ってみてください。するとどうでしょう。何となく気持ちが上がってくることを感じるのではないでしょうか。

人は上機嫌を演じれば上機嫌になり、不機嫌を演じれば不機嫌になります。

ですから、普段からなるべく上機嫌を演じていたいのです。そのためには、自分が上機嫌な時にどのようになっているのか、逆に不機嫌な時の自分にはどのような癖があるのかを知っておきましょう。

上機嫌な時：笑顔。口数が多い。目が大きくなっている。肩の力が抜けている。背筋が伸びている。穏やかなふるまい。優しい口調など。

不機嫌な時：険しい表情。眉間にシワ。無口。への字口になっている。下向き加減。体がこわばっている。口調にトゲがある。動作が乱暴になるなど。

不機嫌になっている時の自分にどのような癖があるのかを知っておくと、その癖がでていることに気づけば、それ以上不機嫌にならないように対策ができます。

例えば、「あれっ、もしかして眉間にシワが寄ってるかも?」と気づけば、眉間にシワを寄せるのを止めて、背筋を伸ばして、笑顔をつくることで、上機嫌の自分に近づけるのです。

自分の上機嫌な時の特徴、不機嫌な時の癖がわかったら、今度は上機嫌でいる時間を長くしていきましょう。

最初から一日中本当に上機嫌でいることは難しいので、まずは上機嫌を演じる時間を長くすることから始めます。

今日は一日上機嫌でいると決めてください。そうしたら、今日一日は何があっても、上機嫌を演じてください。

もちろん、上機嫌を演じたからといって、物事が万事うまくいくわけでもなければ、かえってイライラすることもあるかもしれません。

その時に自分の感情がどうであろうと、徹底して上機嫌を演じるのです。背筋を伸ばし、笑顔で、口調は優しく、丁寧な言葉を使います。相手が言うことを聞いてくれなくても、怒ることなく、命令することもなく、自分が相手にして欲しいことを穏やかに丁寧に伝えます。

「何で自分ばかりが上機嫌でいなきゃいけないの?」とか、「がんばって優しく接しているのに相手がわかってくれない!」なんて思うこともあるでしょう。それでもニコニコと笑顔を絶やさずにいてください。

これをやることのメリットは二つあります。一つは、ここまで紹介してきている通り、上機嫌を演じることで本当に上機嫌になれます。

そして、もう一つは、自分が上機嫌になると、周りがどう反応するか、どう変わるのかを知ることができることです。

誰でもそうですが、上機嫌の人には近寄りやすいし、相手も優しくしようという気持ちになります。

逆に不機嫌な人には、近寄りがたいし、相手も不機嫌で返します。

自分が上機嫌を演じることで、その上機嫌が周りにも伝染していく様子を体験できるのです。みんなで上機嫌になれば、そこが居心地の良い空間になることは間違いありません。

5日目
レッスン10

幸せメモをつける

生まれてきたからには誰にだって幸せになる権利があります。僕も毎日幸せであったらいいのになと強く意識しているわけではないのですが、何となくはそう思っています。

ところで、幸せは「なる」ものなのでしょうか？

幸せは「なる」ものではなくて、「ある」ものと考えている人の方がどうも幸せ度が高いようです。

幸せな人とそうでない人を比べた場合、幸せな人は幸せがあることを見つけるのが得意な人で、そうでない人は毎日の生活の中にある幸せを見つけるのが上手くありません。

自分が幸せかどうかは自分で決めるものであって、置かれている状況は基本的には関係ありません。

いやいや、自分が置かれている状況は全然恵まれてもいないし、他の人を見ているといろいろなものが揃っていて羨ましいと言う人がいるかもしれません。

でもそんな比較をしていても仕方がないんですよね。だって比較ということで言えば、私たち日本人は、社会インフラがすごく整った日本に生まれているだけで、例えば発展途上国に生まれた人よりも、十分に環境的には恵まれていると言えます。

自分が幸せかどうかは、他の人と比べても仕方がないし、意味がありません。自分が生きている毎日の中で、実はすでにある幸せを見つけることができるか否かで、その人の幸せ度が決まります。

とは言っても、日々幸せだなあとか、ありがたいなあとか思うことはあっても、毎日が幸せすぎて怖いという人もなかなかいないでしょう。

別に不幸じゃないけど、今の暮らしにすごく満足しているかと言われれば、多少は不満足なところはあるという感じではないでしょうか。

レッスン8では不幸を増やさない方が時代には合っているということをお話ししたのですが、レッスン10では幸せを増やす方法をお教えしましょう。

レッスン5では怒ったことを書き留める怒りメモを紹介しました。今回のレッスンでは楽しかったこと、嬉しかったことなどを書き留める「幸せメモをつける」です。

幸せメモのつけ方は基本的には怒りメモと同じです。良かった、嬉しかった、楽しかったことを記録します。改めてつける時のポイントをおさらいしましょう。

・その場で書く（日記とは違う）
・理由、原因などは考えない
・一日に何度も嬉しいことがあるなら、何度もつける
・幸せの温度をつける

その場で書くというのは、嬉しさ、楽しさを感じたその場で書くこと。日記ではないので、一日の終わりに振り返って書くのではありません。なぜそれが楽しいと感じるのかなどの理由や原因は考えません。一日に何回以上つけてはいけないということは全くなく、むしろいっぱい書けた方が良いでしょう。

幸せの温度は、怒りの温度計のような感じで、例えば0が何とも無い、1～3がちょっと嬉しい、4〜6が結構嬉しい、7〜9がかなり嬉しい、10が人生最高に嬉しいといった感じで、つけてみます。

「子どもが何も言わないのに手伝ってくれた。幸せ温度3」
「苦労した仕事のプロジェクトがうまくいった。幸せ温度6」
「ポケットから覚えのない1000円がでてきた。幸せ温度2」
「朝天気が良かった。幸せ温度1」

幸せメモをつける時にすごく注意して欲しいのが、それくらいじゃ嬉しくもないし、ましてや幸せメモにつけるほどの幸せじゃないとは思わないで欲しいということです。幸せメモにつけることは、日常の中のささやかな喜び、嬉しさ、楽しさ、ほっこりした、安心した、何だか良い気持ちになったといったことです。

幸せメモをつける目的は、毎日の生活の中にすでにある幸せを見つけられるようになることです。

車を買ったとか、宝くじに当たったみたいな極端なものではなく、今まで自分が気づくことができなかったちょっとしたことに気づけるようになることです。

それに気づけるようになると、幸せ度はぐっとアップします。そういう意味では、幸せ温度8のものが一つ書けるよりも、幸せ温度1のものがいっぱい書ける方が幸せ度は高いと言えるかもしれません。

つける内容は、自分がやってうまくいったことでもOKです。これも何かすごいことができたということは全く必要なく、「朝目覚ましなしに起きられた。幸せ温度1」「シャンプーを忘れずに買えた。幸せ温度1」といったものでOKです。こんなことできて当たり前なんて思わないでください。

その小さな成功が集まっているから、毎日生活ができているわけです。何一つうまくいっていない、成功が一つもない人は生活がそもそもできていません。

幸せメモをつける最大のコツは幸せと思うハードルを下げることです。こんなこと書くまでもないとは思わず、どんどん記録していきましょう。身の周りには自分が思っている以上に幸せが溢れています。

6日目
レッスン11

関わるか、関わらないかを決める

レッスン1でお伝えしたように、怒ること自体はダメなことでも、悪いことでもありません。ただ、だからと言って、何でも怒っていたらキリがないし、そんなに頻繁に怒っていたら、すごく疲れてしまいますよね。

そこで、自分がわざわざ関わって怒る必要があること、逆に多少イラッとはするけど、あえて関わる必要がないことを決めます。

関わる必要があることには怒り、関わる必要がないことには怒らなくて済むようになりましょう。これができるようになると、本当に疲れなくなりますよ。

では自分が関わらなければいけないこととは何でしょうか。あなたが関わる必要があることは何でしょうか？　……と、聞かれてもなかなか思い浮かばないですよね。

自分が関わる必要のあることを見つけるのは、レッスン7の「べき」の重要度を使って考えます。レッスン7では自分の持っている「べき」について重要度を5段階で分けてみました。

自分が関わらなければいけないのは、「べき」の重要度が高いことです。「べき」の重要度が高いということは、自分が大切にしている、大事にしていて譲りたくないことです。

例えば、「べき」の重要度4、5とつけたものについては関わる、3以下のものについては関わらないと決めるのも一つの手です。

僕は個人的には重要度5のものだけは関わるようにして、4以下のものについては極力関わらないように気をつけています。

なぜなら、自分の時間と労力は限られていて、全部に関わっていたら、自分がやりたいことに注ぐ時間も労力もなくなってしまうからです。

エネルギーが有り余っている人ならいざしらず、僕は省エネでいたいので、本当に大事なことだけに関わると決めています。

このことを決めてから、自分の人生の調子の良さをすごく感じています。関わらなくていいとわかってからというもの、自分のやりたいものにとても集中できているので、自分がやりたい事柄がうまくいくことが多くなったからです。

では関わると決めたことについて、次に考えるのは、それに関わるとして、自分ができることは何だろうかということです。

当たり前なのですが、私たちにはできること、できないことがあります。でもこの当たり前のことを忘れて、無駄にイライラしていることがよくあるんです。できないことをどうにかできないかとあがいてみたり、できることをできないと嘆いてみたり。そんな経験、誰でもあると思います。

例えば、急いでいる時に緊急停止信号か何かで電車が遅れたとします。急いでいるのに何で？　と頭にきます。その場で「電車は時間通りに動くべき。重要度4」と思いました。重要度4なのだから、これは関わる必要があると決めます。その結果、何ができるでしょうか。

いくら心の中で「早く動け！」と叫んだところで動くはずがありません。駅員さんに文句を言ったところで事態は何も変わりません。むしろ業務の邪魔をすることで悪化するでしょう。

この例は、まさにできないことをしようとして無駄に怒っている状態です。関わる必要があると思っても、できないことはできないと受け入れる冷静さが必要です。その上で、現実的に何ができるかを考えます。

例えば、行き先に事情を説明して遅れることを連絡するとか、振替輸送がないかを確認するとか、できることはあります。

できないことはさっさとできないと受け入れ、できることを見つけることに気持ちを切り替えましょう。できないことはいくらやってもできないのです。

今度は繰り返しミスをする部下に勘弁ならんと思っていたとします。部下を指導するのは当たり前だし、上司として関わらなくてはいけないと考えています。

「部下は指導して成長させるべき。重要度5」

パワハラと訴えられるのが怖くて部下を指導することをためらう人が多い中、ある意味立派な考え方と言えます。ただ、問題はその関わり方、また何ができるかということです。それこそ、何ができるかを間違えてしまうと、あっという間にパワハラやモラハラになってしまうでしょう。

よく「過去と他人は変えられない」とは言いますが、もし本当にそうだったら、誰とも人間関係なんてつくれません。

私たちが相手との関係の中でできることは、相手の行動を変えてもらうことです。相手の人格や性格を変えるのは無理な話です。

ミスを起こさないように行動を変えてもらうよう指導はできますが、だらしないからミスをするんだと、性格を変えようとするのは指導ではなく、横暴な何かです。とても相手のことを思いやったこととは言えません。

「何度言っても変わらないから」と言う声も聞こえてきますが、それは何度言ってもわからない言い方をしていることに問題があるのではないでしょうか。

あるいは、変わっているかもしれないのに、それを見ることができていないからかもしれません。

できることについて、できないと嘆いているのは、こちらのやり方が悪いと疑い、方法を変えてみることです。

6日目
レッスン12

上手に怒る

前回のレッスンの最後、指導の仕方が悪いから、相手が行動をいつまでも変えてくれないのかもしれないとお話ししました。

では、どうすれば相手に自分が怒りたいことを伝えられるのでしょうか。

世間では「怒る」と「叱る」は違うと思われています。「怒る」は自分勝手に怒ることであり、「叱る」は相手のことを思って怒ることだ、と。でも、ここでは「怒る」も「叱る」も同じ意味で使います。

僕は「怒る」も「叱る」も結局のところ目的は同じことと考えているからです。

ちなみに言葉として「怒る」と「叱る」の違いは、「叱るは目上が目下を怒ること」です。つまり、親が子を叱る、上司が部下を叱るとは言いますが、子が親を叱る、部下が上司を叱るとは言いません。

怒ることの目的はなんでしょうか？　怒ることの目的はたった一つです。それは相手に今どうして欲しい、これからどうして欲しいかを伝えるリクエストです。

怒るというのは、相手を反省させることでも、へこませることでもなく、ましてや自分がスッキリしたり、ストレス発散のためにやることではありません。

怒り上手な人はリクエスト上手な人で、怒り下手な人はリクエスト下手な人です。

ではどうすれば、怒り上手な人になれるかです。

怒ることが相手に伝わるために一番大事なのは、普段からの人間関係です。普段の人間関係が悪かったら、どんなに怒っても、相手は言うことを聞きたくないと反発します。

そういう意味で、公共の場で誰かに怒るのって本当に難しいんですね。人間関係が全くない人にいきなり怒られたら、相手にしてみれば「何であんたから怒られなきゃいけないの？」ってなりますからね。

上手に怒って、相手にリクエストを聞いて欲しいと思ったら、普段から良好な人間関係をつくっておくことです。

余談ですが、僕は２０１７年に厚生労働省の「職場のパワーハラスメント防止対策についての検討会」の委員を務めたのですが、一年間、毎月パワハラについていろいろな議論をするんですね。その議論ではこれまでの裁判例も見ます。裁判例を見ていると、パワハラがあった時に普段の人間関係がどうだったかも考慮に入れられています。

まあ普段の人間関係ができていなかったら、怒ったとしても、なかなか相手に伝わらないと言ってしまうと、身も蓋もない感じに聞こえてしまうかもしれませんが、でもその通りなんです。

ではここからは具体的に怒る時に気をつけたいことを紹介します。今回のレッスンではNGワードを覚えましょう。このNGワードを言わないだけでも、怒り上手になれます。NGワードは4種類です。

1. 過去ワード
2. 責めワード
3. 決めつけワード
4. 程度ワード

過去ワードというのは、過去を持ち出す言葉です。「前から言ってるけど」「何度言ったらわかるんだ?」「この前も言ったよね?」といったものです。

怒っている時、前のことも思い出して足し算をしてしまいます。なぜなら、自分が怒っていることがいかに正しいかを伝えたいからです。

ただ、怒られている側からすると、今は関係ないのにと不満に思います。怒った時に不満を持たれると、こちらのリクエストが通りにくくなってしまうのです。

その時、その場で怒らなければいけないことだけを怒りましょう。

責めワードというのは、「なぜ?」「何で?」という言葉です。怒られている時にこの言葉を何回も聞くと、責められていると思い、その場から逃げ出したくなるのが人情です。

逃げ出したくなった人が言うのは何かと言えば、言い訳です。言い訳されると、今度は「何で言い訳する?」とさらに責める悪循環になります。

「なぜ?」と過去を聞くのではなく、「どうすればできる?」「何があればいい?」と未来を聞くようにしましょう。

決めつけワードは、「いつも」「絶対」「必ず」「みんな」といった言葉です。これらの言葉の本当の意味は100%です。

でも、いちいち過去3回中2回同じミスをしていると言うのは面倒なので、こうした大袈裟で不正確な言葉を使います。

でも怒られている側からすれば、「いつもじゃないのに」「みんなって誰だよ」と反発を覚えます。

程度ワードは、「ちゃんと」「きちんと」「しっかりと」といった言葉です。「ちゃんとして」とか、「しっかりやれ」なんてよく言ってしまうのではないでしょうか。

そもそも何をもって「ちゃんと」しているのかは人によってそれぞれ違います。なので、「ちゃんとしろ」と怒られたとしても、「ちゃんとやってるのに」と思います。

いつ、何を、どれくらいすればいいのかと丁寧に伝えるようにしましょう。

「前から言ってるけど、何でいつもちゃんとしないの⁉」

こんな怒り方をしていませんか？　NGワードのオンパレードです。これでは相手に伝わらないですね。怒る時の言葉を変えましょう。

7日目
レッスン13

怒っている人への対処法

自分がどんなに正しくしていても、真面目でいても、身に覚えがなくても人から怒られることはあります。そういう時は全くもって理不尽ですが、理不尽なことが起きるのが人生です。

その理不尽を嘆くよりも、怒っている人へ上手に対処できる方法を身につけましょう。ここまでレッスンを続けてきたあなたなら、怒りが生まれる仕組みや、怒りが生まれた時にどうすればいいかはわかっていると思います。

怒っている人も、あなたと同じ仕組みで怒りが生まれています。違うのは、怒った時に6秒待てなかったり、「べき」を緩めることができなかったり、関わることと関わらないことが区別できなかったり、上手に相手に伝えられていないことです。そして、自分がワンパターンにはまって怒っていることにも気づいていません。

それぞれ何のことだったか覚えていますか？　ここまでのレッスンを振り返ってみましょう。

さて、怒っている人へ対処するには、まずは「怒っている人を観察すること」からスタートです。その怒っている人も、必ずワンパターンにはまって怒っています。

よく観察をしてみると、怒る時間、場所が見えてきたり、怒る直前に見たり、聞いたりしているふるまいや言葉があったりします。

例えば、「そうなんですね」というこちらとしては全く悪意のない相槌を、そうは取らずに、聞いていないととらえて、その言葉を聞くと怒るといったこともあります。

自分の怒る特徴、癖を見つけるために怒りメモをつけましたが、よく一緒にいる人であれば、その人の怒りメモをこっそりとこちらがつけておくと、相手の怒る特徴、癖を見つけることが簡単にできるようになります。

ここではレッスン6で習った怒りの方程式を思い出しましょう。

怒り＝「べき」×「マイナス感情・状態」

注目するのは2つでしたね。「べき」と「マイナス感情・状態」です。

まずは怒っている人の発火スイッチとなった「べき」が何かを考えてみます。

例えば、連絡が遅かったことに怒っている人は、「連絡は早くするべき」という「べき」が裏切られたから怒っているわけです。

それがわかれば、「あっ、そっかこの人はこういう〝べき〟があるから気をつけておこう」と警戒したり、予防したりすることができます。

次にマイナス感情・状態が何かを考えます。

体の具合が悪くてイライラしているのであれば、マイナスな状態が大きく影響しているということです。

これはもうこちらとしてはどうしようもありません。体の調子が悪くてイライラしているんだなと、いつもより優しく大きな気持ちで見てあげることが必要です。だって、体の具合が悪いのですからね。

連絡が来なくて怒っているのは、「連絡は早くするべき」という「べき」が裏切られたことに加えて、連絡がない状態で心配をしている、不安になっているというマイナス感情が隠れているのかもしれません。

であれば、その心配、不安は現実にはならないよと、その部分について話をし、マイナス感情を解消してあげると良いでしょう。

そうすればマイナス感情は小さくなったり、なくなったりして、怒りの炎をこれ以上大きくさせることはなくなります。

では今後は怒りのパターン別の対処法を見ていきましょう。人の怒り方は次の3パターンに分かれます。

1. ドッカーンと怒る人

2. じくじくと怒る人

3. しょっちゅう怒る人

ドッカーンと怒る人は、怒りを感じたら直情的に強く怒る人です。怒りの強度が高く、大声で怒鳴ったり、威圧的な態度をとります。こういう人は怒ることで相手を力ずくで屈服させることができる、あるいは押さえつけなければいけないと思っている人です。

こういう人に対しては毅然とした態度で接しましょう。おどおどしたり、びくびくしたりすると相手の思うつぼです。強く言っても無駄だと相手に思わせるように。

じくじくと怒る人は、昔のことを思い出しては、怒りの足し算をして、怒りを大きくする人です。このタイプの人は昔のこと、別の場所のことをずっと考えていて、今、この場所にいることをあまり考えていません。

こういう人に対処するには、今、この場所についてを話すようにしましょう。過去や別の場所のことを話し始めると、怒りの足し算を始めてしまいます。

しょっちゅう怒る人はいつも不機嫌をばらまく人です。なぜ不機嫌をばらまくかと言えば、イライラしている自分をアピールしたいからです。不機嫌な自分を認めて欲しいという子どもっぽいところがあります。

このタイプの人には、優しくたくさん話しかけてあげましょう。優しくされたり、かまってもらえることで、イライラをアピールする回数が減っていきます。

7日目
レッスン14

怒っていても人気者になる

一般的に言ったら、怒っている人って嫌われ者のような気がしますが、実は逆で、怒っている人ってとっても人気があります。

歴史上の偉人と言われる人は結構怒りん坊で有名だったりします。織田信長、豊臣秀吉、徳川家康といった戦国武将。政治家では田中角栄さん、スポーツの世界では闘将として名を馳せた星野仙一監督が有名ですね。有名な経営者にも怒りん坊な人が多いようです。

怒っているのに人気があると言えば、マンガの主人公です。「ドラゴンボール」の孫悟空、「ＯＮＥ ＰＩＥＣＥ」のルフィ、「キングダム」の信、「鬼滅の刃」の竈門炭治郎。本当にみんな怒っていますが人気者です。

「ドラゴンボール」の孫悟空にいたっては、怒りすぎると超サイヤ人となって、さらに強く人気者になります。怒りん坊の人気者は一体何が違うのでしょうか。

今回のレッスンでは、どうすれば怒りながらも人気者になれるのか、その秘訣を一緒に考えていきましょう。

ほとんどの人が怒ることはかっこ悪いこと、恥ずかしいことと思い、なるべく怒らないようにしたいと思っていますが、怒り方が変わると、むしろ怒ることで人気者になれるという不思議があるのです。

怒りん坊でも人気者になれる秘訣その1　何をしたいのかがわかりやすいこと

戦国武将も政治家もマンガの主人公たちも、何をしたいかがとてもわかりやすく、どんな状況になっても、どんな場面でもブレません。むしろピンチになればなるほど、そのやりたいことへの思いを強くさせたりしています。

織田信長は日本で初めての天下統一のため。「ＯＮＥ　ＰＩＥＣＥ」のルフィは海賊王になるため。星野仙一監督は試合で勝つため。そのゴールが変わることはありません。

もし、「キングダム」の信が中華統一を目指すのはもうやめた、立派な学者になるんだと方向を変えたら、魅力が激減するのではないでしょうか。

怒っている人が嫌われるのは、本人は正当な理由があって怒っていると思っているのですが、周りからすると、意味がわからんと思われ、白い目で見られているからです。

わかりやすさというのは人気者になるためにすごく大切な条件です。わかりにくい人、難しい人は、敬遠されます。

なので、怒る時に難しいことを言うのはNGです。バカにされたくないと思い、小賢しく怒ろうとすればするほど、何いってんの？　と嫌われます。

わかりやすさ、単純さを意識して怒ってみましょう。

怒りん坊でも人気者になれる秘訣その2　身内に優しい

誰に対しても分け隔てなく優しくした方が人気者になれそうですが、そんなことはありません。みんなで仲良く平和を願うみたいな聖人君子は素晴らしいのですが、素晴らしすぎて、逆に人は引きます。

身内にめちゃくちゃ甘く、他人には厳しいくらいの姿勢の方が実は人気者になれます。これは家族思いの人に悪い人はいないという心理が働くからです。

逆に身内にはすごく厳しくて、外面がいい人を思い浮かべてください。そういう人は人望は得られません。身内への厳しさ、外面の良さは隠しきれずに、結局にじみ出てバレてしまうものです。

先に挙げた主人公たちも仲間のためなら、どんな困難だって立ち向かっていきますよね。僕なら怖くて無理だと思うような状況でも、仲間のために毅然と立ち向かっていきます。そういう姿に人は憧れます。

自分の身内を優先。自分の周りにいる人たちのためだけに怒りを感じてみましょう。

怒りん坊なのに人気者になれる秘訣その3　夢が大きい

「怒っているのに人気者」の特徴は、語っている夢が途方もなく大きいことです。どうかするとホラ吹きなんじゃないかと思わせるくらいの大きさです。

でも人は大きな夢を語る人にロマンを感じ憧れます。その夢の実現という大義のために怒ることがあると言って怒っていると、なんだかすごくかっこよく見えます。

小泉純一郎さんは自民党の国会議員なのに「自民党をぶっ壊す！」って怒っていました。普通の政治家では言わないし、夢としても大きなことでした。だから、あれだけの人気を誇ったのでしょう。

夢を大きく言える人は、器の大きい人です。誤解を恐れずに言えば、器の大きさは人の善し悪しではないです。悪人でも器の大きい人はいますし、善人でもすごく器の小さい人もいます。どちらの方が人気者になれるかと言えば、言うまでもないですね。

人気者になるために器を大きくするのは、とても大変なように思えます。でもここでは発想を逆転させ、夢を大きく言うから器が大きくなると考えましょう。

レッスン2で理想を決める時に、思い描くだけなら自由なのに、意外と自由に発想することができない人が多いとお伝えしました。実はこれは器の大きさに関係しているんですね。

器を大きくして「怒っても人気者」になりましょう。そのためには大きな夢を語りましょう。大きな夢を描けば描くほど、自分の器を大きくさせることができるのですから。

第2部

仕事編
職場で突然発生するイライラとの向き合い方

お客さんのクレームに上手に対処する

大手通販会社のコールセンターで派遣社員として働く鈴木さん（仮名）。

新型コロナウイルスでの緊急事態宣言発令後もコールセンターは通常通り出勤ということで、毎日出社しています。

コールセンターはビルのワンフロアに多くのオペレーターが働いています。顧客情報を扱うため、ドアは閉められていて、狭い密室空間の中でまさに三密と呼べる状況です。出社することに恐怖を感じながらも生活のために仕方がないと自分に言い聞かせて働いています。

ただ、正社員の人の出勤は明らかに減っていて、自分たちだけが取り残されたような気持ちになり、業務へのモチベーションはとても下がっています。

世間は在宅勤務が増えたからか、コールセンターの受信件数は通常時の3倍から時には5倍に増えて、皮肉にも業務自体は平常時よりもはるかに多くなり、毎日残業です。もともとコールセンターには怒って電話をしてくる人は多いのですが、電話をかけてくる人もコロナでストレスを感じているのか、普段以上に怒っている人が増えているという実感があります。

毎日どうしてこんな状況で働かなければいけないのかという不満、そこへ顧客からのクレームと叱責、毎日仕事が終わる頃にはヘトヘトになり、虚しささえ覚えるようになりました。

そんな鈴木さんの心が折れるような決定的な出来事がありました。

あるケースについて申し送りミスがあり、鈴木さんが情報を知らないまま顧客を担当したところ、情報が共有できておらず、その顧客から30分近くにわたり罵倒されたのでした。問題そのものは解決できたのにもかかわらず……。

しかも、怒っているうちに怒りがエスカレートして、鈴木さんの話し方が悪い、口調が気に入らない、どんな教育を受けているんだ？　と個人攻撃のようなことを言われ、責められたのでした。

知っておいて欲しいこと

「あなたが悪くなくても怒られることはある」

あなたに怒ってくる人がいたとします。ただ、あなたが間違っているわけでも、何か悪いことをしたからでもないという状況は存在します。

もし自分が何も悪いことはしていないと思っているのであれば、理不尽に怒られたことで心が折れてしまうなんてことはあってはいけません。

あなたに何の落ち度もなくても誰かが怒ってくることはあります。それはもうもらい事故のようなものです。

もらい事故は予防しようがありません。もし本当にもらい事故をなくそうとするなら、山奥にでも籠もって、人と全く接しないような生活をするしかありません。ただ、そんなことは現実的ではないですし、したくもないでしょう。

世の中には怒りたくて怒っている人がいるということ。そして、その人は都合よく怒れる対象をずっと探し続けているのです。

こんな時はどうする？「マイナス感情・状態を探す」（レッスン6応用編）

何でそんなことをしているかと言えば、自分で抱えてしまった怒りを自分ではどうすることもできないからです。たまたま、あなたが都合の良い対象として見つかってしまったということです。

ではどうすればよいのかと言えば、相手のマイナス感情・状態に解決のヒントがあります。

怒っている人は、自分の「べき」が裏切られたことで怒りの火花が散り、そこにマイナス感情・状態がガスとしてエネルギーを送り、怒りの炎を燃え上がらせています。

怒っている人に向き合わなければいけない時、相手のマイナス感情・状態が何かを探ってみましょう。

マイナス感情・状態を小さくできれば、怒りの炎を小さくすることができるからです。

鈴木さんのケースの場合、顧客は以前に連絡した内容を改めて最初から聞かれたことに対して強く怒りました。

この前、説明したのにまた説明しなければいけないのか、自分が言ったことがまるで大切ではないことのように扱われたと思いました。そのため、問題が解決した後も鈴木さんを個人攻撃するようなことをしてしまっているのです。

実は本人もなぜここまで自分が気に入らないのかわかっていません。マイナス感情・状態が怒りの炎を大きくする仕組みを知らないからです。

鈴木さんが目を向けた方が良いのは、顧客が怒っているということではなく、その顧客が感じているマイナス感情・状態です。

ここでは顧客が感じている、自分はないがしろにされたということについてお詫びをし、そうではないことを伝えます。それは顧客のマイナス感情・状態へのメッセージです。

マイナス感情・状態を探す

相手が怒っていることに注目するのではなく、**マイナス感情・状態**に目を向けると怒りの炎は小さくなる

すると自分は理解されたと思い、マイナス感情・状態が小さくなります。

つまり、怒りの炎にエネルギーを送るガスが少なくなることで、怒りの炎も小さくなり、鈴木さんへの攻撃もおさまります。

ミス連発、できない自分とどう向き合う？

ＩＴ会社の事務として働く山崎さん（仮名）。転職して1年目。自分ではモチベーションが高く、今の仕事に合っているとは思っています。

ただ、その意欲とは逆に顧客への連絡を忘れる、連絡先を間違える、書類不備をするなど、凡ミスが続き、上司からその点について心配されたり、叱責を受けたりしています。

前職では、自分はどちらかと言えば仕事はできる方だと思っていたし、なぜこんな単純なミスをしてしまうのか自分で自分が信じられません。

毎週月曜日の朝のミーティングでは、今週こそミスをしないと気持ちを新たにするものの、仕事が忙しくなってくるにつれて、またケアレスミスをしてしまい、落ち込むことを繰り返しています。

山崎さんは完璧主義なところがあります。完璧主義であることは長所にも短所にもなるのですが、今はそれが短所として働いてしまっています。

完璧主義の人は、物事が上手く回っている時は完璧主義であるからこそ物事の精度を高めることができ、より良くできるという好循環になります。

逆に一度、物事が上手くいかなくなると、完璧主義でいることはとても重荷になります。

完璧主義の人は別のこと、新しいことに挑戦するのに消極的です。なぜなら、別のこと、新しいことは試した経験がないので、完璧にできるかわかりません。わからないので、試しません。

今、うまくいっていないのだから、他の方法を試した方が良さそうなものですが、そうは考えないのが完璧主義者です。

山崎さんもご多分にもれず、別のこと、新しい方法を試さないまま、いつものやり方でミスをし続けてしまっています。

次第に自分はこの仕事は向いていないんじゃないか、転職したのは失敗ではなかったのかと苦しむようになったのでした。

転職をし、希望を抱いていた頃の自分はどこへ行ってしまったのでしょうか。

知っておいて欲しいこと　「理想への道はいつからでもスタートできる」

山崎さんは向上心があり、いつでも前向きに考えて、行動することができます。ですが、あまりに自分がミスを繰り返したために、自分に対して不信感を持ち、明るい希望を持てずに、苦しい状況が続いています。

転職を決意した時は、新しいキャリアで自分の理想を追求すると非常に前向きでした。次の職場ではこういうことがしてみたい、今までと違うことにもチャレンジしてみたいと、理想の自分を描くことができていました。

自分が理想とするゴールを目指す時、挫折を経験すると、もうそのゴールへは行けなくなると思ってしまう人がいます。

でも、理想へ向かう道はいつからでもスタートできます。失敗をしたから、ミスをしたから、挫折をしたからといって、自分にその権利がなくなるということはありません。

理想を描くことは、誰にとってもいつでもできる権利です。

こんな時はどうする？　「理想はいつでも書き換えＯＫ」（レッスン２応用編）

レッスン２では自分の理想を制限なく考えることをしました。その理想は一度決めたら変えてはダメということでは全くありません。むしろ、いつでも書き換えてＯＫです。

山崎さんは完璧主義が災いして、一度決めた自分の理想を何が何でも完璧にしようとがんばろうとしました。

自分が描いた理想を裏切ることは、自分を裏切るような気がして、どうしても許せなかったのです。

その気持ちはとてもよくわかりますが、自分が描いた理想に縛られて、自分を責めるようなことをしてしまったら元も子もありません。

理想の自分は、自分にとって周りの人にとって長期的に見た時に健康的であることです。

描いた理想は理想として、それはいつでも見直せるもの、いつでも書き換えられるものとして考えておきましょう。

理想に正解はありません。正解がないのですから、何度だって書き換え自由です。だからといって、理想を低くしよう、現実に合ったものにしようということではありません。

もし自分や周りの人を苦しめることになっているのであれば、その部分については書き換えよう、書き換える時には、制限をつけずに最高の状態をイメージしようというのは変わりません。

理想は決めるものではなく、描くものです。理想を「決めた」と考えてしまうと、「決めた」ということで、守らない自分に対して罪悪感や反省を感じてしまうようになるからです。

理想を守らないからといってダメな人になるわけではないです。

理想は高く、でもいつでも書き換え自由なもの。そんなふうに考えておくと、理想の自分が今の自分を苦しめません。

仕事編 3

上司、取引先の怒りにどう対処する？

「何でお前は電話でことを済まそうとするんだ⁉　お客様のところに行っての営業だろうが！」――オフィスに怒号とも言えるような声が響きます。

中堅ハウジングメーカーに営業として勤める2年目の榊原さん（仮名）は、声を上げて怒る上司の前でうなだれています。

上司は典型的ともいえる営業は根性論世代の人。仕事を取るためにはお客様にどれだけ足を運んだのかが一番大切だと信じて疑いません。口癖は「俺が若かったころはな」。

一方で榊原さんは、今どきの考え方の持ち主。お客様だって忙しいのだし、電話やWEB会議で済ませられれば、それで十分と考えています。

そのため上司とは考え方の違いに苦しみ、また上司からお客様への訪問件数が少ないと怒られることに不満と戸惑いを感じています。

さらに解せないことに、その上司は他の人に対しては、自分の時のように必ずしも強くは怒らないということでした。

食品卸会社で働く松本さん（仮名）は、今日もルート営業に出るところなのですが、その中のスーパーBの担当者がどうにも苦手です。

その担当者は、昔はこうしてくれた、昔は良かったということを愚痴りながら、今のこちらの体制がいかにダメなものかを延々と話をしてくるからです。

怒鳴られたり、すごくきついことを言われる訳ではないものの、今と昔では状況が違うし、それを説明してもなかなか理解されないだろうなと思い、何となく昔話に付き合うということを繰り返しています。

いっそはっきりと怒ってくれた方が楽とは思っています。怒られれば何か提案もするし、解決策も見つけられます。ただ、ネチネチと毎回答えのないような昔話をされるのが非常に苦痛です。

そして、今日も同じ話をされるし、取引量を増やしてくれる訳でもない。そんなふうに思うと、ますます足が重くなるのでした。

知っておいて欲しいこと「怒り方は成功体験がベースになっている」

大声で直情的に怒鳴ってみたり、古傷をわざわざ思い出すような怒り方をしたりと、本当に人の怒り方っていろいろですね。

なぜ、人によってこんなに怒り方が違うのでしょうか。怒り方はその人の癖とも言えるものですが、その癖はどうやってできているかと言えば、過去の経験からできています。

そして、その過去の経験とは、そう怒ることで得をした、成功したと思えるものです。

問題なのは、その成功と思っているものが、本当に成功かどうかは関係なく、むしろ失敗していることも多々あります。

それはさておき、少なくとも本人はそう怒ったことで得をした、上手くいったと思っているのです。

だから、そういう怒り方をしていて上手くいかなかったとしても、これまでそうしてきているので、なかなか直しにくいものになってしまっています。

こんな時はどうする？ 「上手な人を真似る」（レッスン13応用編）

榊原さんの上司は直情的に怒るタイプ。松本さんの取引先の相手は持続性の高い怒りを持った人です。それぞれ怒ってはいるのですが、怒り方のタイプが違います。そして、それぞれのタイプに合った対処法があります。

まず、榊原さんのケース。レッスン13で学んだ通り、直情的に怒る人に対しては、毅然とした態度をとることです。

気弱なところがある榊原さんは強く怒られると萎縮してしまうので、それを感じた上司がさらに屈服させようと強く怒るということになってしまっています。

次に松本さんのケース。じくじくと過去を思い出して怒る人に対しては、今、この場所のことだけを話すようにして、怒りの足し算をさせないということが大切です。

以上がこうしたタイプに対処するためのセオリーなのですが、応用編ではちょっと別のやり方を試してみましょう。

それは、こういう怒り方をする人たちに上手に対応している人を真似る方法です。

自分自身はこういう怒り方をするタイプの人と上手に付き合うのが難しいと思っているかもしれませんが、世の中には、とても上手に付き合っていて、あの人のように付き合えるようになったら楽だなと思える人がいます。その人の言葉、ふるまいなどを真似てみるのです。

そういう人で特定の人は思い浮かびますか？　もし思い浮かべば、その人がどのような言葉を使っているのか、どんなふるまい、対応をしているのかを研究してみましょう。

実際にその人が使った言葉、「あっ、うまいな」と思った瞬間を書き留めておくのです。そして自分もそれができないかやってみます。

上手くいっている人の真似をすることは、スポーツ、音楽、料理、英語など、他の習い事でもとても大切です。それを怒っている人への対処法としても実践してみます。

上手い人を真似るのが上手な人は上達が早い人です。上達が早い人は、上手い人を観察し、その特徴をよくつかんでいます。

仕事編 4

価値観がバラバラのチームをどう改善する？

「全社員がテレワークになったのは、緊急事態宣言が出てから数日後のこと。もともとあまり会議の多い会社ではなかったのですが、テレワークになったことで、お互いに意思疎通がはかりにくくなり、何となくチームワークの関係性が悪くなっていると感じています。

チームワークが悪くなったせいでちょっとしたいざこざが増えたのか、小さなトラブルが増えたからチームワークが悪くなったのか、正直どちらなのかよくわかりません。

チームのメンバーもお互いに居心地の悪さを感じ、仕事が以前よりもスムーズにいきません。チームのメンバーみんながイライラしているのを感じます。

どうすれば、こうしたテレワーク環境の中で価値観を一緒にして、同じゴールを目指せるのか頭が痛いです」

こう話すのは都内ソフトウェア開発会社でプロジェクトマネージャーをしている飯島さん（仮名）です。

知っておいて欲しいこと 「チームは価値観が一緒でなくていい」

チームワークが良いチームというと、みんなの価値観が一緒で、同じゴールに向かって進めているようなチームのことを指していそうです。

ところがこれは大きな誤解です。みんなの価値観が一緒であればチームワークが良くなるかと言えば、そうとも限りません。

むしろ、価値観を一緒にして問題が起きてしまっている組織もたくさんあります。

例えば、組織の価値観を一緒にする方法としては、社歌を唱和する、朝礼を行う、社訓の書いてある手帳をいつも持たせるなどがあります。

こう書くと、何とも昭和というか、一世代前のやり方のように思えたりするのではないでしょうか。

実は価値観を同じにするという試みは、今の時代からすると、はっきり言って古臭いやり方に見えます。

価値観を一緒にすると言うと、何とも良いことのように思えますが、みんな同じ考え方になる必要があると言われると、それってどこの独裁国家のやり方なのだろう？　と少し引いてしまいます。

今は多様化の時代。多様化というのは、「それぞれが自由な価値観でOKです」という世の中になることです。

言い方を変えれば、「あなたの隣には自分とは違う価値観の人がいるけど、慣れてね」ということです。

国としてはこう考えます、会社としてはこういうことを大事にします、だから、あなたもそう考えなさいって言われるよりも、はるかに良いと思いませんか。

価値観を一緒にする、価値観を合わせるのは、誰かが誰かに考え方を押し付ける気持ちが少なからず入ります。それは誰にとっても居心地の良いことにはなりません。

今はみんなして自由に自分が大切にするものを選ぼう。その上で一緒に生活したり、働こうとするのが自然で時代に合った考え方です。

こんな時はどうする？　「多様化時代のチーム力を高める」（レッスン7応用）

私たちが怒りの火花を散らすのは自分の「べき」が裏切られた時でした。ですので、怒る回数を減らしたかったら、「べき」を手放すか、基準を緩めるということが大切だよ……とお伝えしたのがレッスン7の内容でした。

ではチームで働く時、お互いに「べき」をどうすればよいでしょうか。

結論から言ってしまえば、チームの相手に自分の「べき」を合わせる必要はなく、自分は自分で自由に自分の「べき」を持っていればいいということです。

ただ、一緒に働く中では「べき」については、お互いに違うということを受け入れておくことがベースになります。

例えば、「時間は守るべき」ということについて、Aさんは時間ちょうどに来ればOKと考えていますが、Bさんは10分前に来るべきだと思っています。

二人とも同じ「べき」を持っていますが、程度は違います。その程度は違っていてもOKなのですが、チームとして、時間を守るべき場合は、例えば「5分前集合私たちのがルール」と決めておきます。

Aさん、Bさんのどちらの程度が正しいということではなく、チームとしてのルールを決めておくことです。ルールが決まってさえいれば、お互いに「べき」が違っていても、程度が違っていても問題ありません。

多様化時代の今、チーム力を高めるためには、メンバーの価値観の違いにイライラするのではなく、お互いに価値観が違うということを見せあい、理解しあい、その上でルールをつくることです。

お互いにどのような価値観でいても構わないけど、チームとしてのルールはこうだから、それは守ってねという感じです。

これであれば、無理やり誰かの価値観を押し付けられるということにはなく、自分としてはこう考えているけど、ルールはルールだからと割り切ることができるので、居心地の良いチームにでき、居心地の良さは生産性の高さに結びついていくのです。

仕事編5

怒っても好かれるリーダーになりたい

佐々木さん（仮名）は東京から電車で1時間の地方都市で居酒屋を5店舗経営している40代の経営者。

会社を設立して10年あまり。幸いなことにこれまでに経営危機を経験することもなく、また金融機関から多額の借り入れをすることもなく順調に経営をしてきていました。

ところがこの新型コロナウイルスの影響で、営業自粛せざるをえない状況になり、いきなり3ヶ月後には事業資金がショートするという、これまで経験したことのない経営危機になり、非常に慌てています。

もともとワンマンで強引な経営をするタイプであり、従業員はもとより、取引先に対しても高圧的な態度に出たり、人目をはばからず怒鳴るなど、傍若無人なふるまいが見られました。

経営が順調で売上が伸びている間は、従業員も取引先も心の中ではやれやれと思いつつも、ある意味カリスマ的とも言える佐々木さんについていって損はないという気持ちで我慢ができていました。

ところが、経営状況が悪くなるにつれ、佐々木さんの怒り方が変わっていきました。外出自粛についてなどは従業員としてはどうすることもできないのですが、そうしたことすら従業員に当たるかのように怒るようになってきたのでした。

さすがに従業員も次第に心が離れるようになり、佐々木さんが怒っても、もはや反応さえしなくなる状況です。

アフターコロナのことはまだわからないものの、居酒屋をこのまま続けていかなくてはなりません。その時に従業員がついてきてくれなかったら、経営を続けることなんて到底できません。

さすがに佐々木さん自身も自分の怒り方を反省し、今、リーダーとしてどのようにふるまえば良いのかを真剣に悩んでいます。

知っておいて欲しいこと

「ピンチの時こそ人間性を問われる」

ピンチの時こそ、その人の人間性を問われる時です。

普段はとても温厚なのに、非常時にバタバタと取り乱してしまう人。普段はどちらかと言えば頼りないくらいなのに、非常時にはやけに頼れるようになる人。普段も非常時も特に変わることのない人。佐々木さんのように普段怒りっぽい人がさらに怒りっぽくなってしまう人。

人の振り見て我が振り直せではないですが、自分はどんなタイプでしょうか。そして、どんなタイプの人がこういう状況において信頼されるリーダーとなりうるでしょうか。

佐々木さんのこれまでの態度、そして非常時のふるまいなどはとても信頼されるリーダーと言えるようなものではありません。ただ、その点を反省し、これからどうすればよいかと悩んでいる点で、まだ取り返すチャンスがあると言えます。

人は一朝一夕に変われるものではありませんが、少なくとも変わろうと努力する姿を他者に見せることはできます。

「自分ファーストになろう」(レッスン14応用編)

レッスン14では、怒っていても好かれる人の秘訣として、1.何をしたいのかがわかりやすい、2.身内に優しい、3.夢が大きいことの三つを紹介しました。

この三つの秘訣を実践するだけでも、怒っていても好かれる人にはなっていくのですが、自分の心の奥底で、これらのことが正しいこと、美しいことだと思っていなければ、人から好かれたとしても、結局のところ自分としては満足しないし、違和感を抱き続けてしまいます。

それではあまり意味がありません。どうせなら、自分が心の底から楽しみつつ、正しいと思えることを実践した結果、怒っても好かれる人でいられたら、こんなに楽なことはないでしょう。

ではそうなるためにはどうすればいいかです。そのためには、自分にとって何が正しいと思えるのか、何が美しいと思えるのか、何が意味のあると思えるのかを考えて、自分なりに決めることです。

自分ファーストになろう

怒っていても好かれる人の秘訣

1. 何をしたいのかがわかりやすい

2. 身内に優しい

3. 夢が大きい

↓

心の奥底で、自分が正しいこと、美しいことをしていると感じることが大切！

最後は自分の良心に従って、考えて行動ができるかです。もしかするとそれは人からは嫌われることになるかもしれません。怒っても人から好かれようとしているのに、嫌われることになったら元も子もないように思えます。

でも、自分の良心に従った結果、人から嫌われるのであれば、それはもう仕方がありません。

自分に嘘をつきながら、あるいは自分ではそうとは思わないことをやり続けながら、人に好かれることを優先させるのなんて、なんて苦しい人生でしょうか。

まずは「自分ファースト」です。

「嫌われる勇気」(岸見一郎・古賀史健)という本がベストセラーになりました。それは、多くの人が嫌われることを恐れて、自分の人生を生きることの難しさを感じている証拠でしょう。

人から嫌われることを恐れず、自分の良心に従い考え、行動することが、実は信頼されるリーダーになる一番の秘訣です。

第3部

家庭編
パートナーに、子どもに、親にイライラしないアンガーマネジメント

家族が不機嫌で居心地が悪い

県内の通信機器メーカーでSEとして働く浜田さん（仮名）もテレワークになりました。浜田さん自身はテレワークは歓迎で、通勤の手間も省けるし、自分の仕事的には自宅でも全然問題なく、むしろ自宅の方がやりやすいくらいに考えていました。

ところが、いざテレワークが始まってみると、家族が予想していなかったほどに不機嫌になってしまい、とても居心地悪く、集中して仕事ができるどころではありません。

家族が不機嫌になってしまっている原因は、妻と小学校5年生の娘との折り合いが悪いことだと考えています。

妻はこれまでは自宅近くの建築事務所にパートとして働きにいっていましたが、コロナの影響で建築事務所の仕事が減ってしまったこともあり、一時的に会社を休んでいるので、一日中自宅にいます。

娘も学校、学童保育ともに休みになっているため、一日中家にいます。そのため、親子喧嘩をしょっちゅうするようになり、妻も娘も不機嫌が続いている状況です。

浜田さんはどちらかというと大人しい人で、妻にも娘にも何か小言を言うようなこともありません。また、話をする側ではなく、話を聞く側です。

そのため、妻からは娘が勉強をしないこと、反抗的であることを注意して欲しいと言われています。

娘からは母親の言い方が横暴である、自分はやりたいことがあるのに全然認めてくれないと、母親についての不満を聞かされています。

浜田さんとしては、妻と娘に仲良くして欲しいと思っていますし、妻と娘の間で板挟みになっていることにとても疲れています。

何とかこの不機嫌さをなくして、家庭を平和で居心地が良いものにしたいと考えています。

「怒りは身近な人にほど強くなる」

怒りの感情は身近な人に対するほど強くなるという性質があります。赤の他人に対しては別に怒りを感じるようなことではなくても、身内がそれをするとどうにも頭にきてしまうケースがあります。

なぜかと言えば、身内だからこその甘えがあり、身内だからそれくらいは言わなくてもわかるだろう、身内だからそんなことをするはずがない、身内だから体面を気にせず怒ってもいいといった思い込みがあります。

また、怒りの感情はとても伝染しやすいのです。SNSでも喜怒哀楽の中で怒りが一番拡散されやすいことが知られています。怒りの感情は直接会っていない人に対しても拡散をしていくくらいですから、身近な人であれば簡単に伝染します。

家庭内で一人が不機嫌になれば、その不機嫌はあっという間に家庭内に蔓延してしまうのです。

こんな時はどうする？

「上機嫌な家庭のつくり方」（レッスン9応用編）

レッスン9では、人は機嫌が良いから笑うが、実はそれを逆にして、笑うから機嫌が良くなるということもできる。だから、普段から上機嫌を演じてみようということを書きました。

そのためにも自分が不機嫌な時、上機嫌な時にどのような表情、仕草、言葉遣いになっているかを知っておくことも大切だと紹介しました。

今回は応用編として、その上機嫌、不機嫌になるきっかけをつくるものを探し、上機嫌の循環が回るようにできないかを考えてみましょう。これを会得すると、相手が不機嫌の循環に入りそうになったら、それを防げるようになります。

誰しも、上機嫌になる時、不機嫌になる時、何かしらのきっかけがあります。それは何か特定のことについての会話かもしれないし、何かを一緒にする時かもしれません。

浜田家の場合であれば、妻が娘に勉強をしなさいと注意することがきっかけで、二人が不機嫌になるとわかっています。

逆に言えば、そのきっかけがなければ二人が不機嫌になることはありません。ということは、このきっかけをつくるのをやめさえすれば、不機嫌の循環に入るのを防ぐことができます。

例えば、娘の勉強については、夫である浜田さんしか口を出さないようにするのも一つの方法です。

二人が上機嫌の循環に入るきっかけもわかっています。それは、家族三人で料理をすることです。

夫婦ともにテレワークになり、三食一緒に食べているのですが、仕事の忙しさ次第で、浜田さんが担当したり、妻が担当したりと二人で分担をしています。

でもタイミングが合って三人で食事の準備をしていると会話もはずみ、みんなして機嫌が良くなります。であれば、もうどんなに忙しくても三人で食事の準備をすることにすれば良いのです。

今よりも忙しくなるかもしれませんが、上機嫌な家庭にいる方が、忙しくはないけど不機嫌な家庭にいるよりもはるかに良いのではないでしょうか。

家庭編2

子どもに感情的に怒鳴ってしまうことがある

「小学校2年生の長男は自分にいつもべったり。勉強するにしても、ゲームをするにしてもママと近寄ってきてはいつも私のそばにいます」と話すのは専業主婦の小池さん(仮名)。

普段は甘えん坊だなと、とても可愛く思っているのですが、子どもの学校が休校になり、一日中一緒にいるようになると、さすがにストレスを感じます。上には中学校1年生の娘もいて、同じように休校しているため一日中家にいます。

子どもたちの食事を三食用意しなければならず、夫は会社の状況があまり良くないらしくピリピリしている雰囲気の中、自分も余裕がなくなると、つい「一人でやりなさい!」と声を荒げてしまうことがあります。

アンガーマネジメントの本も読んだことはあるのですが、頭では理解していても、その場になると感情的になることを繰り返しています。

そして、後からいつも後悔と反省をしています。どうすれば良いのでしょうか。

知っておいて欲しいこと　「それでも練習するしかない」

僕がアンガーマネジメントを勉強し始めたきっかけは、僕自身がとても怒りっぽく、そのことにすごくコンプレックスを感じていたからでした。

初めてアンガーマネジメントの講習を受けた時の感想は、「これなら僕でもできる！」でした。怒りの感情とどうつきあうかが体系的にまとめられていて、理論的でとてもわかりやすかったからです。

アンガーマネジメントを始める前も、禅の本だったり、偉い人の本を読んでいたのですが、そこに書いてあることは「怒らなければいい」という、だからそれができれば苦労しないのにというものばかりでした。

そのため、これだけ体系的なら理解しやすく、理解できれば実践するなんて割と簡単にできるだろうと思っていました。

ところが、そうは問屋が卸さないもので、頭ではわかっているつもりなのに、何か気にいらないことがあると、相変わらず感情的に怒ってしまっていました。

自分の中で、「あれっ？　おかしい、こんなはずはない、できるはずなのに」という思いが巡りました。

それでも他にピンとくる方法がなかったので、アンガーマネジメントの練習をし続けたところ、少しずつ上手になりました。

僕の経験から言うと、頭でわかっているつもりというのは、わかっていたことにはなっていなくて、身体が自然と動くまでにならないと、できないものなんだなということです。

例えば、自転車に乗れない人も、自転車の乗り方を説明すれば、乗り方は頭ではわかりますよね。でも、じゃあ実際に乗れるかと言えば、いきなりは乗れません。

それと同じように、頭でわかっているのではなくて、意識しなくても身体が反射的に怒ることをしなくなるくらいまで繰り返し練習することが必要です。

自他ともに認める怒りん坊だった僕でさえできるようになったので、あなたにもできるはず。ちょっとずつ自分のペースで練習していきましょう。


こんな時はどうする?

「テクニックのレパートリーを増やす」(レッスン3応用編)

レッスン3では怒りで反射をしないために6秒ルールを学びました。そのために深呼吸して一呼吸おきましょうとお伝えしました。

アンガーマネジメントでは怒りで反射をしないための方法を衝動のコントロールと言います。衝動のコントロールにはいろいろなテクニックが用意されているのですが、ここでは簡単にできそうなものをいくつか紹介します。

全部できなければいけないということではなく、自分が気に入ったもの、やりやすいと思えるものだけできるようになれば十分です。

・気持ちの落ち着く言葉を言う

カチンときたら自分の気持ちが落ち着く言葉を自分で言ってみましょう。「大丈夫、大丈夫」「どうってことない」「落ち着こう」といった言葉です。

イライラしている時、誰かから優しい言葉をかけられると気持ちが落ち着くことがあります。それを自分でやってみるのです。

・頭を真っ白にする

怒りを感じている時には何を考えてもうまくいきません。冷静になれない中、問題の原因や解決策を考えても良いアイデアは浮かびません。

そんな時は思い切って、考えることを一切やめます。頭の中いっぱいに真っ白な紙が埋め尽くすようなイメージを持ちます。

・その場から立ち去る

テクニックのレパートリーを増やす

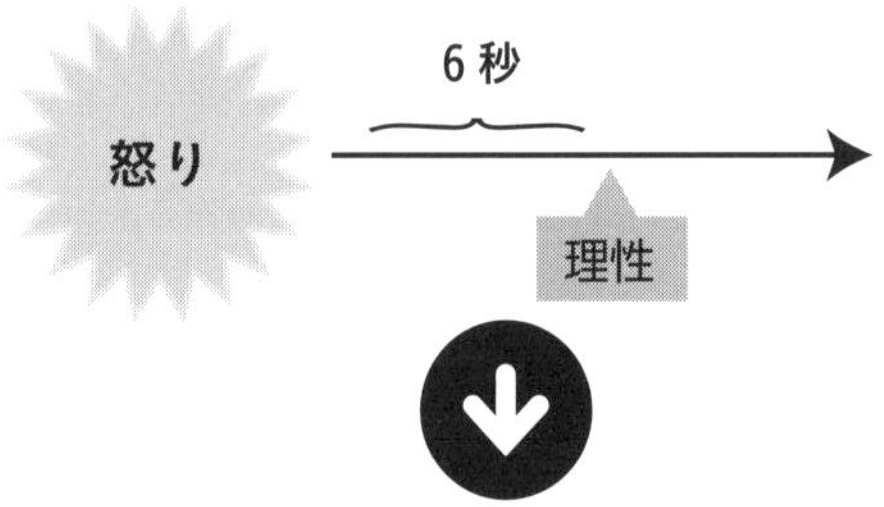

衝動のコントロール

- 気持ちの落ち着く言葉を言う
- 頭を真っ白にする
- その場から立ち去る

その場にいることでどうしても何か問題が起きてしまいそうな時は、その場から立ち去るのも大切な選択肢です。立ち去ることは逃げることではありません。ただ、何も言わずに立ち去るのではなく、5分後に戻ると約束をして、その場を離れて頭を一旦冷やしましょう。

家庭編 3

何度も同じことを言っているのに言うことを聞いてくれない

中学校2年生の娘は反抗期真っ盛り。こちらが何を言っても「うるさい」、「わかってるってば」で返してくることに悩んでいる港さん（仮名）。

難しい年頃だとはわかっているのですが、それでも何度も同じ注意をしなければいけないのには我慢ができません。

この前は娘がスマホを使いすぎていることが気になり、時間制限をしようとしたところ、口論になりました。

娘の一日の時間の使い方については、これまでも何度も注意しています。今どきの子らしく、とにかくスマホをいじっている時間が長いのです。何度言ったら、わかってくれるのでしょうか。

また最近、娘の怒り方、言い方が自分に似てきているような気がして、それを見る度に港さんは自己嫌悪になります。

知っておいて欲しいこと 「子どもの感情表現は親の真似」

私たちは感情表現をどこで学ぶかと言えば、まずは家庭で学びます。保育園や学校に行くことで他の大人、友達から影響を受けるようにはなりますが、まずは親を見て真似ることから始めます。

自分のような怒り方をして欲しくないと思っている親はとても多いものです。実際、港さんのような相談はよくあります。

子どもが親を見て真似るのは自然なことですし、親が完璧ではないことも当たり前です。

たまに、子どもたちに親が怒っている姿を見せるのは良くないことだからと、子どもの前では怒らなかったり、夫婦喧嘩も子どもに隠れてしていているという話を聞きます。

むしろ、それはやってはいけないことです。なぜなら、怒ることは良くないことだと、怒りを隠すことを真似てしまうからです。

それを真似てしまえば、その子どもは怒ることができずに自分の中に溜め込んでしまったり、怒っているのにそれを隠そうとします。

親が怒るのは自然な行為です。怒りは自然にわき出る感情なので、あとは怒った後でどうふるまうことができるかです。

もし自分が怒ったことを後悔しているのであれば、その後悔している気持ちを伝えること。もし怒ってしまったことを恥ずかしいと思っているなら、正直に子どもにその恥ずかしさを伝えましょう。

子どもには素直になって欲しいと、親であれば誰もが思っているでしょう。であれば、自分から素直になり、その素直さを真似てもらいましょう。

こんな時はどうする?

「叱る時は一つのことに限定する」(レッスン12応用編)

レッスン12では叱る(=怒る)の目的は相手に今どうして欲しい、これから何をして欲しいかを伝えるリクエストだということを学びました。また、相手にこちらのリクエストが伝わらなくなる4つのNGワードがありました。

ここでは叱り方の応用編として、叱る時は一つのことに限定して叱ることを実践してみましょう。

何度同じことを言っても相手がこちらを理解してくれないという悩みはよく聞きます。お話を聞いていると、その悩みを持つ方に共通することがあると気づきます。それは叱る時に、同時にいろいろなことを叱りすぎていることです。

例えば、港さんの場合、娘のスマホの時間を制限したいと、娘と口論になりました。よく話を聞いてみると、娘の一日の時間の使い方について何度も注意をしています。港さんは、スマホをいじる時間を制限したい、一日の時間の使い方を変えて欲しいと、いつも同じことを言っているつもりです。

ところが、娘からしてみると、何でいろいろとあれもこれも言われなければいけないんだと、反抗したい気持ちが生まれています。

確かにスマホをいじる時間を制限するのは、一日の時間の使い方を変えることにはなりそうです。ただ、ちょっと意地悪な言い方をすれば、スマホをいじる時間を変えなくても、一日の時間の使い方は変えられるとも言えます。

港さんが娘にして欲しかったのは本当のところはどちらなのでしょうか。それは港さん本人にしかわかりません。本人も実はよくわかっていないのかもしれません。

本人もよくわかっていないところで叱っているので、叱られている側からすればもっとわかりません。

叱る時は一つのことに限定して叱りましょう。叱る内容が増えると自分も叱っている内容がわからなくなり、相手も何を叱られているのかよくわからなくなってしまいます。

要介護認定の母に辛く当たられる

要介護認定のお母さんがいる石山さん（仮名）。お母さんを施設に預けていて、どんなに忙しくても必ず週に一度は施設に顔を出すようにしています。

お母さんは軽い認知症にはなっているものの、基本的に身体は元気です。

お父さんはすでに他界しており、兄弟はいません。妻は義母になるお母さんとは以前からそりが合わず、基本的に施設には顔を出しません。それについては石山さんは悪いことだとは思っておらず、むしろ、お母さんと妻が険悪な雰囲気にならないことの方が助かると思っています。

石山さんがお母さんを訪ねれば、「嫁が全然会いにきてくれない」と言い、いたらいたで「こんなサービスの悪いところに閉じ込めるなんて、なんて親不孝なのか」となじられ、帰ろうとすれば「自分を見捨てるのか」と辛く当たられます。

そんなことを繰り返しているうちに、なんで自分だけがこんな辛い目にあうのか、精一杯がんばっているのに……とに何ともやりきれない気持ちになっています。

知っておいて欲しいこと　「事実をゆがめると辛くなる」

石山さんには怒りメモをつけてもらっています。お母さんとの出来事のメモだけを抜き出してみると、次のように書いてありました。

「母が自分ばかりを責める。怒りの温度5」
「母が自分を親不孝者だと言う。いつものことだ。怒りの温度2」

怒りメモをつけるポイントは、怒りを感じた出来事について、何も考えずに直感的に書き留めることでした。

石山さんは真面目に怒りメモをつけている点はとても良いことなのですが、怒りメモに出来事以外のことを書き留めてしまっています。

というよりも、出来事と思っていることに自分の思い込みを混ぜたものを事実として見てしまっているのです。

どういうことかと言うと、最初の怒りメモを見ると、石山さんがお母さんから何か責められた時に書き留めたものだろうということがわかるのですが、問題は「ばかり」という言葉です。

「ばかり」は、出来事を説明する言葉ではなくて、自分の感想を説明する言葉です。ですから、自分ばかり責められるというのは、石山さんの感想であって、出来事そのものではありません。

次の怒りメモにある「いつも」という言葉も、出来事を正確に説明する言葉ではなくて、自分の感想を説明する言葉です。

この「ばかり」「いつも」、その他には「みんな」「絶対」「必ず」といった言葉は思い込み言葉です。自分が何かを思い込んでいる時に使う言葉で、この言葉を使う時、目の前にある出来事に自分の思い込みを足したものを事実として見てしまっています。

事実に自分の思い込みを入れてしまったものを事実として受け取ってしまうと、無駄に辛くなります。

こんな時はどうする？　「事実と思い込みを分ける」（レッスン5応用編）

これまでに自分がつけた怒りメモがあるなら、それを見返してみましょう。そこに書いてあるのは事実でしょうか。それとも思い込みの入ったものでしょうか。

もしまだ怒りメモがないという人は、これから怒りメモを書く時に、果たして自分は事実を書くことができるのか気をつけてみてください。

では事実と思い込みはどうすれば分けることができるかです。ただ、これは応用編の中でもかなり難易度が高いので、そう簡単ではありません。

なぜ簡単ではないかと言うと、基本的に私たちは思い込みというメガネをかけていて、そのメガネを通して出来事を見ているからです。

そのメガネが透明であれば出来事をありのままに事実として見ることができるのです

事実と思い込みを分ける

怒りメモをつける

・母が自分ばかりを責める。怒りの温度５
・母が自分を親不孝者だと言う。いつものことだ。怒りの温度２

思い込みのメガネを外す

・「ばかり」「いつも」「みんな」「絶対」「必ず」は思い込み言葉。
・人の話を聞いて、その人の思い込みを見つける。人の思い込みは意外と簡単に見つかるので、どういう場面で思い込みが入りやすいかを確認できる。

が、サングラスのように色がついていることがほとんどなので、なかなか事実を事実として見ることができません。

とは言え、何とか事実と思い込みを分けることをやってみましょう。

まずは、先程の思い込み言葉を使わないことです。

また、人の話からその人の思い込みを見つけるのもお勧めの方法です。自分の思い込みは自分にとっては当たり前のことで疑いようのないものなので、どれが自分の思い込みになっているのかはなかなか気づけません。

ところが、人の思い込みは意外と簡単に

見つけることができます。なぜなら、その人と自分の思い込みが違うからです。

例えば、友達から「ある件でクレームを受けているのだけど」と相談されたとします。あなたがその内容を聞いてみると、クレームではなく、向こうはただ意見を言っているだけに思えました。

ここでわかるのは、友達は「意見を言われた」という事実を「クレームを言われた」と思い込みのメガネを通じて見ているということです。

こうやって自分と見方が違う人の話を聞くことで、どういう場面で思い込みが事実にまじりやすくなるのかわかるようになります。

結婚がうまくいくようお互いによく理解したい

結婚一年目、新婚の松崎さん夫妻。結婚前は大きな喧嘩もすることなく、こんなに仲が良いのだから、結婚したらどれだけ楽しいのだろうとワクワクしてお互いに結婚したのですが、実際結婚してみたら、小さなことから大きなことまで夫婦喧嘩を繰り返すようになってしまいました。

結婚前は長所だと思っていたところが、結婚後は短所にも見えたりしています。例えば、妻は夫ののんびりしたところをおおらかな人と思っていましたが、結婚後はそののんびりさをテキパキしない人と思うようになりイライラします。

一方の夫も妻のはきはきしたところを意思のはっきりした人と尊敬していましたが、結婚後は口うるさい人だなと見方が変わっています。

二人ともそのことに後ろめたさを感じています。ただ、もちろん二人ともお互いに大好きで、これからも結婚生活を楽しく続けていきたいと心から思っています。

知っておいて欲しいこと

「価値観は変わるのが当たり前」

人の価値観はいつでも変わります。変わることは全く悪いことではありません。むしろ変わることは成長の証しとも言えます。

成長というと、良い方向に伸びるとか大きくなることを意味するように思えますが、成長とは変わることです。つまり良くも悪くも変わらなければ、成長していないということです。

松崎さん夫妻の場合、お互いに結婚前と比べると価値観が変わりました。そのこと自体はとても良いことです。

「士別れて三日ならば、即ち更に刮目して相対すべし」なんて字面を見ただけでもありがたそうな言葉が「三国志」に登場しますが、意味は、人は三日もあれば変わるから、先入観を棄ててよく相手を見ようという意味です。

自分も変われば、相手も変わります。変わることは悪いことではないので、お互いにこれからもよく相手を見ていけばいいのです。

こんな時はどうする？　「お互いのライターの全体図を知る」（レッスン6応用編）

ではどうやってお互いに相手のことを理解するかです。結婚生活において、何といっても大きな問題になるのが、怒りの感情です。

どんなに幸せな家庭を築きたいと思っていても、怒りの感情に振り回されていたのでは、上手くいくものも上手くいきません。

レッスン6では、怒りが生まれる仕組みをライターに例えました。ライターの炎が怒りだとするなら、怒りの火花を散らすのが自分の「べき」が裏切られた時、その火花が燃え上がるためのガスとなるのが、マイナスの感情や状態でした。

そこで、夫婦でお互いに自分のライターを描いて見せあってみましょう。例えば、この前夫が怒った時、ライターは次のようになっていました。

・裏切られた「べき」：休日の予定は共有するべき
・その時のマイナス状態：疲れていた

夫は週末に妻に驚いてもらおうと美術館に行こうと密かに計画をしていました。ここのところ連日残業で疲れていましたが、きっと妻が喜んでくれるだろうと週末を楽しみにしていました。当日の朝、妻にそのことを告げると、妻は友達と買い物の約束をしていたことがわかり、夫は「せっかく一緒に行こうと思ってたのに！」と怒ったのでした。妻にしてみれば、夫が思った以上に強く怒ったことに驚いたとともに、いきなり言われても困る！　と言い返したのでした。

怒りが生まれる「べき」と「マイナス感情・状態」の組み合わせは、大袈裟ではなく無限にあります。

組み合わせによっては、怒りの炎が燃え上がったとしてもたいしたことにはならないものもあれば、すごく大きな炎として燃え上がってしまうものもあります。

夫婦であれば、お互いにどんな「べき」「マイナス感情・状態」の組み合わせになると、大きな炎として怒りが燃え上がりやすいのか知っておいた方が得策です。お互いにそれを知っていれば、不要な争いを避けることができます。

例えば、妻の「好き嫌いをはっきり言うべき」は妻にとってはとても重要な「べき」なので、マイナス感情・状態が小さくても、簡単に炎が燃え上がってしまう。

あるいは、妻の「寝不足」というマイナス状態は結構影響力が強く、あまり重要ではない「べき」が裏切られたとしても、寝不足の時は怒りの炎が大きく燃え上がる傾向がある……といった具合です。

この二つがわかっていれば、「好き嫌い」を問われる場面では、どんな時もはっきりと好き嫌いを言っておこうとなります。また、寝不足の時は距離をとって、ゆっくりしてもらうのが最善かもしれません。

お互い、怒ることがあったら、その場でライターを絵に描いて相手に見せてみましょう。それを何十枚、何百枚と枚数を重ねることで、これまで見え辛かった相手の怒りがわかり、さらには相手を深く理解できるようになります。

第4部

人間関係編
イライラは人それぞれ、自分なりの対応を見つけよう

何でそんなことで怒るのか意味不明

彼との喧嘩に悩む相沢さん（仮名）。彼がなぜそんなことくらいで？　と思うようなことですごく怒るのか理解できずに困っています。

逆に自分が怒っていることについては、一緒になって怒ってくれるのかと期待してみれば、別に怒ることもなく、むしろ、それくらいで怒るなんて大人げないと軽くバカにされる始末。

彼とは怒るポイントが違うのかとは思いつつ、あまりにも自分と感覚が違うと感じることもあり、これから関係を続けるのに不安を感じています。

ある日のこと、彼がゲームをしている時のことでした。彼はゲームに夢中になっている時はこちらの話を聞いてくれず、話しかけ続けると露骨に嫌な顔をします。

もう付き合って2年も経つので、そのことは知ってはいたのですが、その時はどうしても親友に子どもが生まれたという話を聞いて欲しくて、別に悪気もなく話しかけたのでした。

ところが、案の定、彼は興味を持ってくれず、ゲームに夢中になっています。イラッとした相沢さんは「ゲームなんてもういい加減やめなよ！」と言ったのでした。

それに彼が「ゲームなんてって何だよ！」と反応。

すごい剣幕で怒り出しました。

最初は言い返していた相沢さんも、次第に口の立つ彼には言い返すことができず、そのまま言いたい放題。挙句の果てに、親友の話なんて興味がないとまで言われたのでした。

相沢さんにしてみれば、親友のおめでたい話を本当に嬉しいこととして話したかったし、それを彼も喜んで聞いてくれると思っていました。

ところが、彼にとってはゲームの方が大事のように思えたし、売り言葉に買い言葉かもしれないにしても、親友の話に興味がないと言われたのはショックでした。

大体、ゲームのことくらいでそんなに怒るなんて大人としてどうなの？　と意味不明に思っています。

知っておいて欲しいこと

「怒りの温度は人それぞれ」

何でそんなことくらいですごく怒るの？　と思う人っていますよね。自分にとっては全然大したことないし、気にしなければいいことでも、その人にとってはどうにも気になって仕方がないようです。

逆に自分がこんなにも頭にきているのに、どうしてそんなに気にならないのか？　気にならないなんて常識がないんじゃないか？　と思うこともあります。

当たり前と言えば当たり前の話ですが、人によって怒ることは様々です。そして、そのことにどれくらいの怒りを感じるかも本当に人それぞれです。

ある人にとっては絶対に許せないことでも、ある人にとってはどうでもいいということはいくらでもあります。

テレビのワイドショーなどで、コメンテーターがそれこそ青筋を立てながら怒っている姿を見たことがあります。

そういう人を見ながら、そんなことくらいでいちいち怒らなくてもいいのにねと思った経験がある人もいるのではないでしょうか。

怒っている本人はいたって真剣だし、怒っている最中は周りからどう見られているかなんて考える余裕もありません。

でも、周りは冷めた目で見ているケースがよくあります。それが怒りの温度の違いというものです。

こんな時はどうする？

「怒りの温度当てをやってみる」（レッスン４応用編）

レッスン４では怒りの感情を扱いやすくするために怒りを見える化しようということをお伝えしましたが、その中に怒りの温度計がありました。

怒りの温度計のは、自分が怒っていることについて、どれくらいの温度で怒っているのか温度をつけてみるものでした。

お互いになんでそんなことで怒るのか、何でそんなに強く怒るのか、逆に怒らないのかを知るために、怒りの温度計を使ってゲームをしてみましょう。

やり方はとても簡単です。怒ることがあったとして、自分でまずはそれについて温度をつけてみます。

例えば、自分が「靴下が脱ぎ散らかしてあった。怒りの温度4」としたとします。そうしたら、相手に「靴下が脱ぎ散らかしてあったら、どれくらいの温度で怒る?」と聞いてみます。すると相手は「怒りの温度1」と答えます。

こうすると、自分は靴下が脱ぎ散らかしてある状態について4の強さの怒りを感じているのに、相手は1の強さでしか感じていない。つまり、自分がそのことをどれくらい怒っているのか感覚として伝わらないのだろうなということがわかります。

すると今度は、その人が怒りの温度4くらいで怒るものと同じくらい嫌なんだとを伝えれば、感覚としてどれくらい嫌なのかがわかります。

「怒りの温度当てゲーム」をやってみる

怒りの温度計

10	人生最大の怒り。
7〜9	かなり強い怒りを感じる。激怒する。激昂する。
4〜6	まあまあの強さの怒りを感じる。頭にくる。腹が立つ。
1〜3	軽く怒りを感じる。イラっとする。カチンとくる。
0	穏やかな状態

相手の怒りの温度を当てる

自分が怒ることがあったとして、まずそれに温度をつける
相手に同じことがあったとき、どれくらいの温度か聞いてみる。
自分と相手の温度差を知ることで、怒りの行き違いをぐんと減らすことができる！

お互いに「怒りの温度当てゲーム」を何十回と繰り返すことで、お互いに何に対してどれくらい怒るのか、怒らないのかがわかるようになります。

この「怒りの温度ゲーム」、ぜひ試してみてください。怒りの行き違いをぐんと減らすことができます。

人間関係編 2

マナーの悪い人、世間にイライラする

コロナ禍の真只中、緊急事態宣言が発令され、三密を避けるためできる限り外出を控えるよう政府から要請が出されました。

都市部はだいぶ人出が減っていると報じられた一方で、都市部から少し離れた公園は休日よりもむしろ混んでいると言われるくらい人出が多いというニュースが伝えられました。

スーパーやドラッグストアを見れば、マスクを買い求める人の行列ができていたり、観光地は今は来ないでくださいとアナウンスをしているのにもかかわらず、都市部からの観光客が大挙して行っていたと言われました。

山下さん（仮名）は緊急事態宣言を重く受け止め、また自分が感染していたら、人に伝染してしまうかもしれないという正義感から進んで自宅待機をしています。

自宅待機も1週間、2週間と続けているとストレスも溜まりますが、それでもこういう時こそ、みんなで力をあわせて自宅にいるべきだと思っています。

そんな中、いくら言われても外出自粛をしない人たちを見ていると、どうにも怒りを感じずにはいられません。

自分は辛くても、ストレスを感じていても、がんばって自宅待機を続けているのに、どうしてこのタイミングで外出できる人がいるのか理解ができないし、したくもありません。

できることなら、そうした外出をしている人たちに対して、直接文句を言ってやりたいとも思いますが、直接文句を言える場所もありませんし、それが現実的ではないことはわかっています。

とは言え、何か言わなければ気が済まないので、ニュースサイトのコメント欄にコメントしては、自分に「いいね」してくれる人の数を数えて満足しています。

逆に自分の考えに否定的だったり、自分とは違う意見を見つけると、また怒りがわいて、その人がいかに間違っているかコメントをします。

コメントしながら自分でも、こんなことをしてもあまり意味がないことは何となくはわかってはいるのですが……。

知っておいて欲しいこと 「正義は時に疲れる」

正義感を持つのは本当に大事ですし、人として正しいことをしようと思えば、正義感は必要です。そしてその正義感に基づいて怒ることは社会をより良くすることにつながるので、これまたとても大切です。

ギリシアのかの有名な哲学者・アリストテレスも「怒りはしばしば道徳と勇気との武器なり」なんて言葉を残しています。

ただその一方で正義って何だろう？　と考えると実はかなり難しい問題です。正義と一口に言っても、人や立場によって正義はあっという間に変わってしまうものだからです。

例えば、コロナ禍で外出自粛を求める人の正義は人の命を守ることです。人が外出すると、人から人へ伝染し、多くの人の命が危険にさらされるので自宅にいることが正義になります。

一方で、こんな時こそ日常通りの経済活動をしようという人もいます。その人の正義はやはり人の命です。経済活動が止まることで多くの人が生活することができなくなり、結果人の命を奪うことになりかねない。疫病ではなく経済が人の命を奪うことになるという主張です。

どちらの正義も人の命です。ただ、双方の言い分は大きく対立しています。

「どちらが正しい」ではなく、この問題であれば、新型コロナウイルスの感染状況によって、どちらの正義の方が有利か変わるのではないでしょうか。

これが唯一正しい正義ですというのは、実はありません。自分が正義だと思っていることは、相手にとっては正義ではなかったりします。

となると、お互いに正しいことを言っていると思っているのに理解されないので、余計に疲れるのです。

こんな時はどうする？　「自分にとって意味のあることだけをやる」（レッスン11応用編）

私たちにはできること、できないことがあり、できることを見つけて取り組めば良いのですが、だからと言って、何にでも関わっていたら時間がもったいないですし、意味のないことをしても仕方がありません。

どうせするなら、意味のあることだけをしたいものです。

ではどうすれば意味のあることだけができるようになるかと言えば、それは他人と比べないことです。

自分にとってそれが意味があるかどうかは、自分にとって意味があるかどうかであって、他人が何をしていても関係ないし、他人からどう見られているかも関係ありません。

もし自分が何かをするとして、誰かが自分を見てくれて評価してくれないならやらないというのなら、それは自分にとっては意味のないことで、誰かにとって意味のあることです。

今回の例で言えば、外出自粛は自分にとって意味があると思えば、他の人が自粛しなくても関係ないし、自粛が意味あることだと思わない人がいるなとしか思いません。

自分の行動を評価するのは自分だけです。他の人の評価は気にしても仕方がないし、それは結局意味がないことです。

他の人からどう思われるかではなく、自分で意味があること、ないことを決めましょう。それができると人に振り回されなくなるので、とても楽になります。

怒りたくても怒れない

4歳の娘を保育園に通わせているシングルマザーの川上さん（仮名）。フルタイムで出版社の経理部門で働いています。

仕事が忙しく、性格的にも内気なところがあり、本心としては保育園の行事はもとより、ママ友の集まりにもあまり積極的に出たいとは思っていません。でも娘のためにもと思い、何とか時間をつくり、行事や集まりに顔を出しています。

川上さんがこうした行事や集まりに出るのが何よりも嫌なのが、出たら出たで、何か面倒な役割を押し付けられることが多いと思っているからです。

もちろん、自分が役に立つことは嬉しいことなので引き受けることは必ずしも嫌ではないのですが、何となく面倒なことは自分に押し付けようという雰囲気を感じてしまっているところがあり、素直にそうした役割を引き受けられないのです。

先日もママ友の集まりで、親睦会をしようということになり、その幹事役をお願いされました。本当は断りたかったのですが……。

知っておいて欲しいこと

「怒り方も忘れるもの」

怒ることは良いこと、むしろもっと怒った方が良いと、僕はこの本のレッスン1の最初にアドバイスをしました。本当にそう考えていますし、常日頃からクライアントにもそうアドバイスもしています。

日本は何と言っても聖徳太子の時代から「和をもって貴しとなす」の国ですから、我を通すよりも、周りの人たちと仲良くするのがいいよねという文化が身にしみています。怒りを表現することは大人げないことと思っている人が思いのほか多いなあというのが、僕が多くのクライアントさんに向き合いながら感じることです。

本当に怒れない人って多いんですよね。なぜ怒れないかと言えば、怒ることは悪いこと、怒ると嫌われるからと誤解をしているからでもあるし、実を言えば、怒り方を忘れてしまっているからです。

怒り方って忘れるものなんですよ。あまりにも怒らないと。怒りたくても怒れない人は、言いたいのに言えなくて自分の中に怒りを溜め込む人です。言いたいけど、言えない。自分の中に溜め込むうちに、いつの間にかそれが当たり前になっています。

でも忘れてはいけないのは、自分の中に怒りを溜め込むのは、自分への攻撃になるということです。

厄介なのは、自分を攻撃していると、それに怒りを感じて、怒りをぶつける対象を探してしまうことです。

怒りには高いところから低いところへ、力の強い人から弱い人へ流れる性質があるので、自分より弱い対象、怒りをぶつけやすい対象を探してしまいます。

もしかしたら、それは子どもかもしれないし、ネット上で自分に反論できない人かもしれません。

こうやって怒りのはけ口を探して連鎖していってしまうのです。

こんな時はどうする？「怒りやすいことから少しずつ怒る」（レッスン1応用編）

怒っているなら、それを堂々と言えるようになった方が良いのです。誰かに対して怒るのは、その人を攻撃することにはなりません。

でも、言えなくて自分の中に溜め込んでしまうことは確実に自分への攻撃になります。ではどうすれば怒れるようになるかと言えば、怒りやすいものから少しずつ怒り、怒り方を練習していくことが大切です。

やり方は簡単です。怒ることを、「怒りにくいもの」「もしかしたら怒れるかもしれないもの」「怒れるもの」の三つに分けます。

怒らなければいけないなと思ったことがあったら、この三つのどれに当てはまるのか考えてみます。

多分はじめのうちは全部が「怒りにくいもの」になるでしょう。でも、それでも何度も繰り返してみてください。

そのうちに「もしかしたら怒れるかもしれないもの」が一つ、二つと出てきます。そうしたらしめたものです。「もしかしたら怒れるかもしれないもの」を増やしていきましょう。

「もしかしたら怒れるかもしれないもの」が五つになったら、そのうちの一つを強制的に「怒れるもの」にしてください。

さあ、これで準備完了です。実際にそれと同じことが起きたら、あるいは似たようなことが起きたら、怒ってみましょう。それは自分の中で一番怒りやすいものになっているので、怒れるはずです。

こうやって「怒れるもの」の数を増やしていきます。怒れるものの数が増えれば、怒る回数が増えます。それは怒る練習をする回数が増えることになるので、少しずつ怒り方も上手になります。

最初から上手に怒ろうとは思わずに、下手な鉄砲も数撃ちゃ当たるの気持ちで怒ることを始めていきましょう。

毎日ついていないことだらけで気が滅入る

「あー、もうほんとついてない」

そうため息をもらすのはフリーでイラストなどのデザインの仕事をしている石川さん（仮名）。石川さんは勤めていた会社から独立するために入念に準備をして、さあ独立と思ったところ、リーマンショックで独立をあきらめた経験がありました。

2年前に念願の独立を果たし、順調に仕事を重ね、良い評判を得て口コミでも仕事が入るようになりました。

よし、これからもっと事業を拡張するぞ、とアシスタントを採用し、手狭になった自宅を出て仕事部屋としてマンションを借りたところで、コロナ禍となりました。

この影響でほとんどの仕事はキャンセルです。状況が落ち着いたらまたお願いするからと言ってくれたクライアントも、結局はいつ再開できるか見通しが立たないので、実質的なキャンセルと同じことでした。
そこで石川さんは、冒頭のセリフを言ってため息をもらしたのでした。

知っておいて欲しいこと

「口癖を変えるだけで幸せ感はアップする」

コップに水が半分入っています。このコップを見た時に、あなたはどちらと思うタイプでしょうか？

「半分しか水が入っていない」それとも「半分も水が入っている」でしょうか？

事実は「コップに半分の水が入っている」です。ところが、それを見た時に、人によって感想が違ってきます。

「半分しか入っていない」と思う人は、本当は水がもっと入っていて良いはずなのに、足りていないという視点で見ています。

このタイプの人は100点の状態に対して、何点マイナスになっているかが目につきます。減点主義でものを見るタイプと言えます。

逆に「半分も入っている」と思う人は、本当は水が入っていなくてもおかしくないのに、こんなに入っているという視点で見ています。

このタイプの人は0点の状態に対して、何点プラスになっているかが目に入ります。加点主義でものを見るタイプです。

減点主義で考えるのか、加点主義で考えるのか、どちらの方が正しいということではないのですが、物事を加点主義で見られる方が、幸せ感は高くはなります。

なぜなら、「あぁ、こんなプラスなところがある」といろいろなものを見て受け取れるからです。

減点主義の場合、マイナス点が目に入ってしまうので、どうしても「できていない」「足りない」と満足できない点を考えてしまいますからね。

そこで、簡単に加点主義になれる方法がありますので、紹介します。それは口癖を変えることです。

「しか」をやめて「も」を口癖にします。「〜しかない」ではなくて「〜もある」。「〜しかできてない」ではなくて「〜もできている」。

こうやって口癖を変えるだけで、幸せ感を大きくアップさせることができるので、ぜひ試してみてください。

こんな時はどうする？

「出来事に意味をつけるのは自分」（レッスン10応用編）

レッスン10では、日常にある嬉しいこと、楽しいことをメモする幸せメモを学びました。幸せメモをつけるコツとしては、それくらいじゃ嬉しくもないし、ましてや幸せメモにつけるほどの幸せじゃないとは思わないで欲しいということでした。

普段の変わらない生活の中で、いかに嬉しさ、楽しさを見つけられるかが、幸せ感をアップさせるためにとても大事です。

ここではさらに応用編として、日常のあらゆることが実は幸せになるという方法を一緒にやっていきましょう。

実は出来事そのものには意味はありません。そんなふうに言ったらおかしいでしょうか？

でも、さっきのコップの水の例で言えば、コップに水が半分入っている事実は誰が見ても同じなのですが、ある人は「半分しか入っていない」とマイナスな出来事としてとらえ、ある人は「半分も入っている」とプラスな出来事としてとらえています。

そうなんです。同じ出来事を見ても、人によってその出来事の意味は変わるのです。

だから、出来事そのものにあるのは事実だけで、その事実がどういう意味なのかを決めているのは自分のとらえ方次第ということなのです。

普段から何か出来事があった時にプラス、マイナスの両方で意味をつけてみるということをやってみます。

石川さんの例で言えば、出来事は「仕事がキャンセルになった」です。

・マイナス意味：家賃が払えない。給与が払えない。食べていけない。
・プラス意味：時間ができる。新しいことをするチャンス。

出来事は出来事でしかありません。それにどういう意味をつけるのかは自分次第です。

何が何でもプラスに考えようということではないのですが、少なくともマイナス、プラスの両方で考えられる方が、幸せを感じる近道になります。

おわりに
自分に小さなＯＫを出し続けよう

本書ではイライラに振り回されなくなるためのレッスン、そして普段の生活での応用の仕方を紹介してきました。

ただ、本書を読んだあなたはイライラに振り回されたくないというよりも、毎日ニコニコして穏やかに生活したいと思っているのではなかったでしょうか。

本書のベースになっているアンガーマネジメントは怒りの感情と上手に付き合うための心理トレーニングですが、怒りと上手に付き合うことが目的ではなく、人生をより幸せに、豊かに意味あるものして過ごすための一つの方法です。

人生を幸せに生きる方法はいろいろなものがありますが、アンガーマネジメントは怒りに焦点を当てることで、それが実現できると考えています。

怒りの感情に振り回されたり、とらわれていたりすると、どうしても罪悪感を感じたり、自分の未熟さや、足りていないところに目がいきがちです。

本書で学んだレッスンを試してみても、上手くいかなくて苛立ちを感じたり、自分に対してダメ出しをすることがあるかもしれません。


自分の至らなさ、未熟さを知ることはとても大切な一方で、今の自分を受け入れ、今のままでOKと自分に言い続けることも本当に大事なことです。

この世の中に完璧な人はいません。逆に完全にダメな人もいません。誰もが平等に、大切な自分の人生を生きています。

どんなにできないことがあったとしても、出来上がりが不満足だったとしても、「おっ、自分って結構いいじゃない」と自分を受け入れてみましょう。

自分を受け入れられる人は、他の人も受け入れることができるので、他者にとても寛容です。

「自分にも良いところもあれば、悪いところもある。他の人だって一緒」。こんな風に思えます。

いつの間にか世の中は不寛容社会なんて言われるようになりました。少しでも常識、慣習、ルールから外れた人、外れたことを叩いたり、排除しようとしたりします。

僕は社会が不寛容になったのは、自分を受け入れられない人が増えているからだと考えています。

自分さえ受け入れられないのですから、他の人を受け入れることはできません。自分を受け入れることができないから、他の人のダメなところ、悪いところに目がいってしまうのです。「自分だって自分の足らないところ、ダメなところに目を向けているのだから、他の人にだって同じことをして何が悪いんだ?」ということです。

本当にイライラに振り回されない人は、自分にOKを出し続けることができる人です。ちょっとくらい上手くいかないことがあったとしても、「まあこれくらいでいいじゃない」「十分、十分」と、少しでもできている自分を見てあげてください。

本書のレッスンがあなたの毎日の生活の中でほんの少しでもヒントになれば、とても嬉しいです。

２０２０年７月　安藤俊介

〈著者紹介〉

安藤俊介（あんどう・しゅんすけ）

一般社団法人日本アンガーマネジメント協会代表理事。アンガーマネジメントコンサルタント。外資系企業、民間シンクタンクなどを経て、渡米。在米中にニューヨークにて、怒りの感情と上手につきあうための心理トレーニング「アンガーマネジメント」を学び、日本に導入。日本の第一人者として、企業、官公庁、医療機関などで数多くの講演、研修を行うほか、テレビや雑誌などでも“怒り”に関するアドバイスを行っている。書籍は中国、台湾、韓国、タイ、ベトナムなどでも翻訳され、累計56万部を超える。

イライラに振《ふ》り回《まわ》されない 7日間《なのかかん》レッスン

印　刷　2020年7月25日
発　行　2020年8月10日

著　者　安藤俊介《あんどうしゅんすけ》

発行人　小島明日奈
発行所　毎日新聞出版
〒102-0074
東京都千代田区九段南1-6-17 千代田会館5階
営業本部：03（6265）6941
図書第二編集部：03（6265）6746

印刷・製本　光邦

ISBN978-4-620-32641-2